Unzertrennlich vereint im Leben
und darüber hinaus

Dieter Heymann, 1945 in Darmstadt geboren, absolvierte nach dem Abitur eine kaufmännische Lehre. Von 1967 bis 1970 arbeitete er im Außendienst eines Industrieunternehmens. Von 1970 bis 2003 leitete er ein familieneigenes Unternehmen in Darmstadt. Von 2003 bis 2012 war er zu einem Magisterstudium für Philosophie und Psychologie an der Technischen Universität in Darmstadt immatrikuliert.

Von Dieter Heymann sind bereits erschienen:
Fröhlich altern. Nützliche Tipps für ein erfülltes Leben (2014)
Harriet und Hermine. Eine Lebensgeschichte im 20. Jahrhundert (2016)
Weise altern. Persönliche Lebenserfahrungen und philosophische Erkenntnisse (2018)
Heinrich. Geschichte einer Kaufmannsfamilie 1807–1945 (2020)
Geschichte einer Kaufmannsfamilie 1945–2015 (2022)

E-Mail: info@dieter-heymann.de
Homepage: www.dieter-heymann.de

Christine und Dieter Heymann

Unzertrennlich vereint im Leben und darüber hinaus

Bibliografische Information der
Deutschen Nationalbibliothek
Die Deutsche Nationalbibliothek verzeichnet diese
Publikation in der Deutschen Nationalbibliografie; detail-
lierte bibliografische Daten sind im
Internet über <http://portal.dnb.de abrufbar>.

© 2025 Dieter Heymann
Satz: Buch&media GmbH, München
Verlag: BoD · Books on Demand GmbH,
In de Tarpen 42, 22848 Norderstedt, bod@bod.de
Druck: Libri Plureos GmbH, Friedensallee 273,
22763 Hamburg
Printed in Germany
ISBN 978-3-7693-0244-8

Meiner geliebten Frau Christine

Inhaltsverzeichnis

Teil III

Vorwort

In diesem Buch verschmelzen die Werke zweier Schreibenden zu einer Einheit – einer Autorin und eines Autors. Doch eine Figur sticht besonders hervor: Christine, die Protagonistin. Im ersten Teil wird sie durch ihre Autobiografie lebendig, in der sie ihre Familienchronik aus ihrer eigenen Perspektive niedergeschrieben hat. Sie kannte keinen ihrer vier Großeltern bewusst, was ihr den Zugang zu dieser Generation weitgehend verwehrte. Das Wenige, das ihre Eltern über die Vorfahren berichteten, hat sie festgehalten. Der Fokus liegt auf der Lebensgeschichte ihrer Eltern und ihrer Generation. Alle Fotos, Urkunden und Dokumente stammen aus dem Familienarchiv und sind als Kopien abgebildet. Christines eigene Lebensgeschichte beginnt mit ihrer Kindheit und zieht sich durch das gesamte Buch.

Besonders prägend waren die drei Jahre, die Christine auf Schloss Waldleiningen im Odenwald verbrachte. Diese Zeit formte ihren Charakter entscheidend. Ihr Verhalten nach der schweren Diagnose lässt sich auf diese Jahre zurückführen, in denen sie ohne ihre Eltern in einer sensiblen Phase aufwuchs. In einem späteren Kapitel erläutere ich, wie entscheidend die ersten Lebensjahre für die weitere Entwicklung sind. Die Jahre auf Schloss Waldleiningen bei Tante und Onkel, ohne ihre Eltern und Brüder, machten Christine geduldig, tolerant, rücksichtsvoll und nachsichtig – Eigenschaften, die sie ihr Leben lang auszeichneten.

Im ersten Teil, Christines Autobiografie mit ihrer Familie, habe ich es nicht gewagt, auch nur ein Wort zu ändern oder zu streichen. Christines Lebensgeschichte entfaltet sich in einem vielschichtigen Gewebe aus Erinnerungen und Einsichten. Mit jeder Seite wächst meine Wertschätzung für sie. Alles, was ich bin, verdanke ich ihr.

Mit diesem Buch möchte ich die Erinnerung an meine geliebte Christine lebendig halten – für mich, unsere Töchter, die Schwiegersöhne und unsere drei Enkel, aber auch für alle, die sie kannten und schätzten.

Dieses Schreibprojekt hält mich am Leben. Wir hatten uns vorgenommen, gemeinsam ein Buch über unsere schwerste Zeit zu schreiben. Christines Krankengeschichte mag für viele Leserinnen und Leser schwer verdaulich sein, doch für mich war es wichtig, sie festzuhalten.

Wir respektierten stets unsere gegenseitige Privatsphäre. Wir achteten einander so sehr, dass wir nie die Tagebücher des anderen lasen.

Als Christine von uns ging, blieben ihre Worte zurück – ein Vermächtnis ihrer Gedanken und Gefühle. Ihre Autobiografie verbindet sich mit ihrer Gedankenwelt. In ihren Zeilen fand ich Reflexionen, Träume und Geheimnisse, die mich mit Wehmut, aber auch tiefer Verbundenheit und Ehrfurcht erfüllen.

Während ich an diesem Buch schreibe, finde ich Trost in unserer unzerstörbaren Verbindung. Niemand kann wirklich verstehen, was es bedeutet, einen Menschen zu verlieren, mit dem man ein Leben lang verbunden war. Durch das Lesen ihrer Worte lebt Christine für mich weiter. Indem ich ihre Gedanken aufgreife und in meinem eigenen Ausdruck weitertrage, bleibt sie unsterblich – für mich, unsere Familie und vielleicht auch für alle, die sie kannten.

Der Literaturnobelpreis 2023 ging an den norwegischen Schriftsteller Jon Fosse. In einem seiner Werke, dem Theaterstück *Und trennen werden wir uns nie*, findet sich ein Zitat, das mir besonders nahegeht: »Ich trage einen Schmerz in mir (…), das Schreiben ist für mich ein Weg, die Dunkelheit zu vertreiben.« Die therapeutische Kraft des Schreibens war für Fosse überlebenswichtig – und ist es nun auch für mich geworden.

Christine und ich waren ein wunderbares Team, voller Gegensätze und noch mehr Gemeinsamkeiten. Dieses autobiografische Gemeinschaftswerk ist ein Versuch, das Erlebte zu verarbeiten. Martin Walser brachte es treffend auf den Punkt: »Schreiben ist das Einzige, was das Leben erträglich macht.« Christine hat uns durch ihr unheilbares Leiden verlassen, doch mit diesem Buch hole ich sie zurück. Es ist ein Teil meiner Trauerarbeit.

Im letzten Teil des Buches widme ich mich Themen wie der Psychologie, der Philosophie des Todes – dem »Werden und Vergehen« – und der Religion.

Teil I

Mein Vater
Christian Höfgen

Mein Vater, Christian, wird als erstes Kind des Lehrers Arthur Höfgen und seiner Frau Margaretha am 7.9.1917 geboren. In den kurzen Tagebuchaufzeichnungen meines Großvaters (»Unser Bubi«) sieht man, wie glücklich sie darüber waren. Er ist bereits 9 Jahre alt, als seine Schwester Gertraude, genannt Traudl, geboren wird, und 12 Jahre alt, als seine zweite Schwester Rosemarie, genannt Rosi, zur Welt kommt. Meine Großmutter ist zu dieser Zeit bereits 42 Jahre alt, was sicherlich zu dieser Zeit schon sehr ungewöhnlich war.

Christian zeigt früh eine hohe musikalische Begabung und beherrscht bereits als Kind wunderbar das Klavierspiel. Da sein Vater auch Kantor war, ist die Musik sicherlich ein wesentlicher Bestandteil seiner frühen Kindheit. Er besucht das humanistische Gymnasium, erlernt Latein und Griechisch und verlasst die Schule am 13.2.1937 mit dem Reifezeugnis des Staatsgymnasiums zu Dresden-Neustadt. Anschließend beginnt er unverzüglich seine Studien am Konservatorium der Landeshauptstadt Dresden in Musik- und Theaterwissenschaften, die er im September 1939 erfolgreich abschließt.

Während dieser Zeit lebt er bei seinen Großeltern Wille, die in Dresden-Gruna in der Heynahtsstraße eine sehr geräumige Wohnung bewohnen.

Sein Klavierlehrer wird der berühmte Hochschullehrer
und Pianist Rudolf Feigerl. Christian gibt schon bald Klavierkonzerte in Dresden, die von der Presse als herausra-
gend kritisiert werden.

Im Jahr 1939 holt ihn Karl Böhm als Volontär an die
Staatsoper Dresden. 1941 wird er in Leipzig Repetitor,
jedoch wird er kurz darauf direkt zum Kriegsdienst eingezogen. Ein besonderes Glück für ihn mag seine einsei-
tig angeborene Augenschwäche gewesen sein, die ihm die
Möglichkeit verschaffte, in der Schreibstube der Kom-
mandierenden tätig zu sein.

Die Staatsoper Dresden stellt nicht nur einen wichtigen
beruflichen Wendepunkt dar, sondern ist auch die Verbindung zu meiner Mutter Katharina, genannt Käthe, die
dort als Chorsängerin mit Solistenvertrag im Fach Altistin
engagiert ist.

Am 30. Juni 1942 heiratet der Kapellmeister, nun Oberschütze Alfred Christian Höfgen, die Opernsängerin Johanna Katharina Müller in Taltitz. Die Trauung wird von ihrem Vater, dem Pfarrer Paul Friedrich Müller, durchgeführt.

Zu dieser Zeit war mein Großvater bereits 73 Jahre alt und lebte, durch seine Pensionierung bedingt, nicht mehr in Taltitz, sondern in Dresden in der Altenbergerstraße 3, die nun auch die Wohnung meiner Eltern wurde. Meine Mutter brachte ihren erstgeborenen Sohn Wolfgang mit in die Ehe, der von unserem Vater adoptiert wurde. Im Oktober 1943 verstarb mein Großvater Müller, und im Dezember wurde dann mein zweiter Bruder Rudolf geboren – und immer noch herrschte Krieg.

Ein Ende dieses schrecklichen Albtraumes war nicht abzusehen. Es dauerte noch zwei schreckliche Jahre, die im Februar 1945 mit der Bombardierung Dresdens einen furchtbaren Höhepunkt fanden. Im Mai war der Krieg schließlich vorbei, aber mein Vater verbrachte noch ein Jahr in Kriegsgefangenschaft, aus der er erst 1946 entlassen wurde.

Die Frage, ob er an sein altes Leben wieder anknüpfen könne, stand im Raum. Er stand vor einer Entscheidung. Wie sollte seine musikalische Laufbahn aussehen? Nach seinen Erfolgen wäre eine klassische Karriere als Konzertpianist durchaus möglich gewesen, doch er wusste auch, dass er dann viel auf Reisen sein würde und es ausschließlich um die Musik gehen würde. Eine Familie hätte zu dieser Zeit und in seinem Lebensraum keinen Platz gehabt.

Schließlich traf er seine Entscheidung für das Theater in Dresden und die Familie. Unter Joseph Keilberth wurde er erneut Solo-Repetitor und später Studienleiter.

Im April 1947 wurde ich als Nesthäkchen der Familie geboren. Die Nachkriegsjahre waren äußerst beschwerlich, sicherlich nicht nur im Osten Deutschlands. Es gab wenig bis nichts zu essen, und man konnte froh sein, überhaupt ein Dach über dem Kopf zu haben, auch wenn wir das zunächst mit vielen Obdachlosen in unserem Haus teilen mussten.

Rudolf, Wolfgang, Christine, September 1947

Im Juni 1948 verstarb meine Großmutter Margarethe Müller, geb. Prölß, und meine Eltern lebten nun mit uns Kindern allein in der schönen, großen Wohnung in der Nähe des »Blauen Wunders«.

Im Westen Deutschlands wurde im September 1949 Konrad Adenauer zum ersten Bundeskanzler der Bundesrepublik Deutschland gewählt. Im gleichen Jahr wurde im Osten Deutschlands die Deutsche Demokratische Republik gegründet, und Generalsekretär wurde Walter Ulbricht von der Sozialistischen Einheitspartei Deutschlands (SED). Ein Staat in Mitteleuropa, der nach dem Krieg sowjetische Besatzungszone blieb, einschließlich des sowjetischen Sektors Berlins. Ein Staat, der sich gegenüber der Welt abschottete und wirtschaftlich auf Planwirtschaft setzte, während er innenpolitisch das Ministerium für Staatssicherheit gründete. Es kam zum Bau einer sogenannten innerdeutschen Grenze, einer fünf Kilometer breiten Sperrzone. Mit dem Aufstand vom 17. Juni 1953 gegen das Regime in der DDR, der blutig niedergeschlagen wurde, wurden die Einschränkungen für die Menschen noch stärker.

Viele Menschen verließen mit Ausreisegenehmigungen oder auch einfach zu Fuß die DDR, was in dem Land als Republikflucht galt und offiziell kriminalisiert wurde.

Irgendwann in diesen Nachkriegsjahren begann wohl der Entschluss bei meinen Eltern zu reifen, dieses Land mit all seinen Unfreiheiten zu verlassen – oder war es doch eher ein kurzfristiger Entschluss? Dazu kam auch noch, dass die Staatssicherheit von meinem Vater verlangte, andere, sogenannte wichtige Personen in seinem beruflichen Umfeld zu beobachten und dies zu dokumentieren. Seine nicht gleich einsichtige Auffassung eines solchen Verlangens brachte ihm einige Verhöre bei der Polizei und der Staatssicherheit ein.

Dann ging alles sehr schnell! Im September 1953 unterschrieb er noch einen Tournee-Gastspielvertrag für Oktober und November 1953, den er auch erfüllte. Um Ostern

1954, während die Staatsoper Dresden zu einem Konzert nach Ost-Berlin unterwegs war, blieb mein Vater in der Bahn, als alle Musiker am Bahnhof ausstiegen. Die Türen schlossen sich, und die Bahn fuhr weiter in den Westen von Berlin. Die Musiker, die auf dem Bahnsteig standen, wussten in diesem Moment ganz genau, was sich da abgespielt hatte.

Christian Höfgen hatte das Land verlassen

Er hatte seine Frau und drei kleine Kinder zurückgelassen und musste sich nun im Westen eine neue Existenz aufbauen, was ebenfalls keine leichte Aufgabe war. Die erste Station war die Stadt »Friedland« mit ihrem Grenzdurchgangslager, das 1945 von den Engländern als erste Anlaufstelle für Vertriebene aus Osteuropa und der DDR eingerichtet wurde, wo alle diese Menschen registriert wurden. Danach kam er nach Gießen, eine schlimme Erfahrung für ihn. Die Schwester meiner Mutter, Dorle Straube, und ihr Mann waren zu dieser Zeit eine große Stütze für ihn. Ihr Ort, an dem er Zuflucht finden konnte, hieß Schloss Waldleiningen im Odenwald.

Es war eine lange Zeit ohne Arbeit. In einem Brief eines Freundes aus München erkennt man eine große Hoffnungslosigkeit. Dann ergab sich eine Chance im Jahr 1955 in Bad Hersfeld für die Festspielzeit, und kurz darauf erhielt er ein Engagement am Landestheater in Darmstadt. Hier wurde er als Solorepetitor und Kapellmeister eingestellt. Ein kleines möbliertes Zimmer in der Viktoriastraße war alles, was er hatte.

*Mutti, Rudolf, Wolfgang
und Christine 1951*

Christine, Wolfgang, Rudolf 1949

22

Christine kommt
auf die Welt

Als ich 1947 zur Welt kam, hatte ich das Glück, ein Mädchen zu sein, denn es hieß scherzhaft bei uns immer, ein dritter Junge wäre »in die Elbe gekommen«. Ich hatte bereits zwei ältere Brüder, Rudolf war vier und Wolfgang acht Jahre alt. An die ersten Jahre kann ich mich nur wenig erinnern. Wir wohnten in einem sehr schönen Jugendstilhaus in der ersten Etage der Altenbergerstraße 3 in Dresden. Die Wohnung hatte vier große Zimmer und zwei Balkone, einen zur Straße und einen zum Garten. Auf dem gartenseitigen Balkon vor der Küche gab es einen Kaninchenstall, und der Inhalt ergab sicher manche gute Mahlzeit.

Der hintere Garten war ein Nutzgarten mit Gemüse und Beerensträuchern. Dort befand sich auch eine soge-nannte Aschegrube (natür-

Dresden, Altenbergerstraße 3

23

lich mit Deckel), die einmal im Jahr geleert wurde, denn viele Häuser hatten ausschließlich Kachelofenheizung. Im vorderen Garten stand ein riesengroßer Baum, vielleicht eine Kastanie – den Eindruck hatte ich jedenfalls. Als ich vor vielen Jahren wieder vor dem Haus stand, war alles nicht mehr so riesengroß, auch die »Kastanie« nicht.

Tagsüber wurden wir drei Kinder von einer Kinderfrau versorgt, da meine Eltern beide stark in ihren Berufen engagiert waren. Ein besonderes Erlebnis war es immer, wenn mehrere Freunde unserer Eltern in der Nacht nach einer Theatervorstellung zu uns nach Hause kamen und wir geweckt wurden, um den Gästen vorgestellt zu werden. Unter diesen Freunden herrschte eine fröhliche Stimmung, und unsere Eltern waren offensichtlich sehr stolz auf uns drei.

Die Sommerferien verbrachten wir häufig an der Ostsee auf der Insel Usedom zusammen mit Onkel Erich, Tante Jutta und allen Kindern.

Mit sechs Jahren, am 1.9.1953, kam ich in die Schule in Dresden. Zu dieser Zeit begann das Schuljahr in der DDR nach den Sommerferien.

Christine mit Schultüte

Wolfgang, Großmutter, Rosi und Christine

Mein erster Schultag am Dienstag, 1. September 1953
Christine in der hinteren Reihe mit Schleife im Haar

DEUTSCHE DEMOKRATISCHE REPUBLIK
GRUNDSCHULE

32. Grund- u. Oberschule
Dresden A 21
Hofmannstraße 34

ZEUGNIS

für   Christine Höfgen

geboren am 26.IV.47   in   Dresden

Stufe: 1   Klasse: 1a   Schulpflichtalter: 19 53 /19 61

Betragen: Christine ist gut erzogen und folgsam,
fleißig und verständig. Sie hat gute Gaben.
Sie könnte stetiger mitarbeiten.

Bemerkungen:

LEISTUNGEN IM UNTERRICHT:

Lesen	3	Rechnen	
Mündl. Ausdruck		Körpererziehung	
Rechtschreibung		Musik	2
Schreiben	3	Zeichnen	3
		Nadelarbeit	

Versäumnisse: – Tage entschuldigt, – Tage unentschuldigt

Versetzungsvermerk: versetzt nach Klasse 2a

Dresden , den 15.VI.1954

32. Grund- u. Oberschule
Dresden A 21
Hofmannstraße 34

Direktor/Schulleiter   Klassenleiter

Kenntnis genommen:
Erziehungsberechtigter

Bedeutung der Leistungsstufen:
1 = sehr gut, 2 = gut, 3 = genügend, 4 = mangelhaft, 5 = ungenügend

Best-Nr. Sch 76 Jahreszeugnis für Grundschulen, 1.–4. Schuljahr
Vordruck-Leitverlag Erfurt, Anger 37/38

Mein Zeugnis nach dem ersten Schuljahr

Meine Jahre auf Schloss Waldleiningen

In den Theaterferien, die ähnlich wie die Schulferien im Sommer waren, traf sich unsere Familie immer wieder in Waldleiningen. Doch wie war das möglich, nachdem mein Vater die DDR rechtswidrig verlassen hatte? Ich kann es mir eigentlich nur so erklären, dass meine Mutter nur mit uns beiden Kindern fahren durfte. Mein Bruder Wolfgang, der bereits eine Ausbildung machte, musste zu Hause »als Pfand« bleiben. Im Sommer 1954 erhielt meine Mutter dann das Urlaubsreisevisum in den Westen, und die Familie konnte sich wieder in Waldleiningen treffen.

Gleich bei diesem ersten Sommeraufenthalt nutzten meine Eltern die Gelegenheit, um mich dort in die Obhut meines Patenonkels Günther und Tante Dorle zu geben. Es war im Sommer 1954, als meine Mutter mit meinem Bruder Rudolf und mir nach Waldleiningen fuhr, um unseren Vater zu besuchen. Meine Eltern hatten beschlossen, mich bei Onkel Günther und Tante Dorle zu lassen. All das diente natürlich dem Ziel, baldmöglichst wieder als Familie zusammenzuleben.

Für mich war das eine sehr schwere, aber auch prägende Zeit. Meine »Ersatzeltern« übernahmen nun meine Erziehung für die nächste Zeit, die drei lange Jahre dauern sollte. Ihre eigenen Kinder, Eckart und Ursula, mein Cousin und meine Cousine, waren in einem Internat in Rimbach im Odenwald, da Waldleiningen völlig einsam im Wald lag und keine nahegelegene weiterführende Schule hatte.

Was hatte es mit diesem Schloss auf sich, und wieso wohnten dort mein Onkel und meine Tante? Es war das Wohn- und Residenzschloss der fürstlichen Familie zu Leiningen, welches im Krieg als Lazarett diente und danach als Privatsanatorium genutzt wurde. Onkel Günther, der Facharzt für Innere Medizin war, wurde Anfang der 1950er-Jahre Chefarzt dieses Sanatoriums. Die Familie lebte in einem Seitentrakt des Schlosses in herrschaftlichen Räumen mit hohen Fenstern und Türen. Versorgt wurden wir aus einer riesigen Küche, aus der auch alle Privatpatienten versorgt wurden. Die liebenswerte österreichische Köchin »Mizi« schob mir so manchen Leckerbissen zu. Es war alles sehr hochherrschaftlich; selbst die Wohnung verfügte über einen getrennten Personal- und Familieneingang.

Onkel Günther selbst passte da hervorragend hinein. Er war ein großer Mann und wirkte auf mich immer sehr streng und aristokratisch. Tante Dorle war die zarte, leise, feine Dame des Hauses, die hauptsächlich Repräsentationspflichten hatte. Die ersten Pflichten, die ich lernen musste, waren akkurate Essens- und Tischmanieren, und vor allem musste ich Hochdeutsch sprechen lernen.

Das nächste Dorf Ernsttal lag drei bis fünf Kilometer entfernt, wo ich nach den Sommerferien auch gleich zur Schule gehen musste. Dort kam ich noch einmal in die erste Klasse. In einem Raum wurden alle Kinder von der ersten bis zur achten Klasse von unserer Lehrerin Frau Wagner unterrichtet. Im ersten Jahr wurde noch auf die Schiefertafel geschrieben. Großen Wert legte sie auf eine schöne Schrift, aber auch alle anderen Fächer brachte uns Frau Wagner bei, für alle Kinder gleichzeitig, eine großartige Leistung, die sich heute kaum noch jemand vorstellen kann.

Den Weg zur Schule und zurück ging es durch dichten Wald, am Försterhaus vorbei und das letzte Stück auf der Straße, auf der aber nie ein Auto fuhr. Es gab keine anderen Kinder außer denen, die direkt in Ernsttal wohnten. So ging ich immer alleine bei Wind und Wetter. Mein »Spielfeld« war die Natur, im Sommer im Wald und auf den Wiesen, beim Sammeln von Beeren und Blumen. Im Winter fuhr ich mit alten Holzskiern die Schlosswiese hinunter. Da konnte es schon einmal vorkommen, dass ich nach dem Spaß mit dem Schnee kalt und nass nach Hause kam. Tante Dorle fand das gar nicht gut und steckte mich kurzerhand als Strafe ins Bett. Ich empfand das wohl nicht ganz so, denn ich schlief sofort ein.

[Anmerkung von Dieter: In dieser Zeit hatte Christine ihre lebenslange Naturverbundenheit entwickelt. Sie liebte alle Jahreszeiten, insbesondere erfreute sie sich im Frühjahr an Blüten und Knospen, der wiedererstarkenden Natur.]

Ich war noch nicht lange in Waldleiningen, als unsere Familie durch einen kleinen Hund erweitert wurde. Ich durfte mit Tante Dorle nach Miltenberg fahren, und dort bekamen wir einen ganz kleinen schwarzen Wollknäuel mit einem adligen Namen, den wir dann »Puck« nannten. Es war ein Scottish Terrier und wurde mein ständiger Begleiter. Tante Dorle hatte noch einen Langhaardackel namens Krümel, und Onkel Günther hatte eine Katze in seinen Räumen.

Meine Mutter besuchte uns öfter in Waldleiningen, allerdings ohne meine Brüder, da die Staatssicherheit ihnen die Erlaubnis verwehrte. Ihre Aufenthalte in Waldleiningen waren stets mit Konzerten für die Gäste verbunden. Dabei begleitete mein Vater sie am Flügel, während sie wunderbare Opernarien zum Besten gab. Oftmals fand während dieser Veranstaltungen auch eine Tombola statt.

Während der Sommerferien kehrten natürlich Ursula und Eckart nach Hause zurück.

Am Bahnhof Kailbach
Christine mit Puck 1956

Obwohl sie meine Cousins waren, kannten wir uns kaum. Ich erinnere mich nicht an gemeinsame Spiele, obwohl Ursula mir sicherlich viele Dinge gezeigt und erklärt hat. Eckart war viel älter und schien wenig Interesse an seiner mageren kleinen Cousine zu haben. Mein Vorhandensein in ihrem Elternhaus, dem unheimlichen Schloss, war bestimmt nicht immer einfach für sie. Vielleicht waren sie auch ein wenig eifersüchtig auf mich, da sie beide älter waren und ein Internat besuchten. Ich »durfte« bei ihren Eltern wohnen.

Eine lebendige Erinnerung habe ich noch an das Hausmädchen Janti. Jeden Morgen bereitete sie mir mein Frühstück zu – einen schrecklichen Brei aus Grieß, Hafer und Mondamin. Doch dieser gab mir die nötige Stärke für den drei Kilometer langen Schulweg. Zu dieser Zeit hatten wir noch kein Badezimmer, daher erfolgte die abendliche Reinigung in einem großen Waschzuber, den Janti in die Küche stellte und mich darin gründlich einseifte.

Krümel, Christine, Janti mit Puck *Janti und Christine 1954*

Die zur Erholung gekommenen Menschen im Sanatorium verweilten oft viele Wochen in Waldleiningen. Einige von ihnen kamen immer wieder und lernten im Laufe der Zeit auch das kleine Mädchen Christine kennen.

Zu den wiederkehrenden Gästen gehörte Frau Schöpflin, Chefin eines großen Versandhauses, die selbst Jahre später noch Pakete mit Bekleidung für mich nach Darmstadt schickte. Ebenso zählte Onkel Kurt, der Inhaber des Möbelhauses Helberger in Frankfurt und enger Freund der Straube-Familie, zu den häufigen Gästen, zusammen mit seiner Frau. Der spätere Kirchenpräsident Wolfgang Sucker, in unserer Familie liebevoll als der »Zückerchen-Mann« bekannt, verbrachte ebenfalls viele Wochen in Waldleiningen. Ebenso traf ich später einen Herrn Strauß wieder, der in Darmstadt einen Verlag leitete und den ich durch seine Enkelin Helga Musset kennenlernte.

Es galt für mich als eiserne Regel, jeden Patienten höflich mit Namen zu begrüßen, sobald ich ihn sah. In dieser Zeit habe ich oft schmerzhaft lernen müssen, ruhig, leise und freundlich zu sein. Demut, Dankbarkeit und Bescheidenheit gegenüber Tante und Onkel zu zeigen, dass ich bei ihnen sein durfte. Sie hatten mich als Flüchtlingskind aufgenommen. Oft geht mir durch den Kopf, was es bedeutet, »heimatlos« zu sein.

Zwei ganz liebe Menschen waren das Hausmeister-Ehepaar Mechler. In vielen Momenten der Einsamkeit standen mir diese beiden wohlwollenden Seelen zur Seite. Herr Mechler konnte wunderbar Zither spielen und versuchte mir sogar beizubringen, wie ich dieses Instrument beherrschen könnte. Seine Frau war eine großartige Zuhörerin, und ich konnte mich einfach nur in ihre Stube setzen und erzählen, was mir auf dem Herzen lag. Selbst wenn Onkel und Tante einmal verreist waren, fühlte ich mich bei den Mechlers wie in meiner zweiten Heimat.

Christine mit Frau Mechler

Brief an Rudolf zu seinem 13. Geburtstag am 8. Dezember 1956. Christine ist 9 Jahre alt

Liebe Mutti und
lieber Rudolf!
Zuerst gratu-
liere ich Dir
recht herzlich
zu Deinem Ge-

burtstag und
wünsche Dir
alles Gute. Wir
haben jetzt einen
rechten Um-
sturz gehabt,
aber jetzt geht
es wieder. Wir
sind in den
Marstall in
Fischers Woh-
nung gezogen.
Hier ist es sehr

schön. Wir ha-
ben ja drüben
über 50 Hand-
werker im gan-
zen Haus und
Staub und
Schmutz, das
ist fürchterlich
gewesen. Und
eine eisige Käl-
te außerdem
noch. Wir
sind jetzt in

einer sehr
warmen Woh-
nung. Bei uns
hat es schon
Schnee gehabt,
und ich bin
schon Schlitten
gefahren, aber
jetzt ist alles
weggetaut und
es hat furcht-
bar Glatteis ge-
geben. Wie

geht es Euch? Am
Sonntag war
erster Advent
da waren Frau
Mechler und
Frau Fuchs bei

uns, wir haben
eine schöne
Kaffeestunde er-
lebt. Hoffent-
lich kommt
Ihr bald rüber,
damit wir
Weihnachten
zusammen fei-
ern können.
Viele Herzliche
Grüße auch an
Mutti und Wolf-
gang. Deine Christine

Mit Tante Dorle durfte ich oft nach Amorbach zum Einkaufen fahren. In dem Geschäft »Brinkmann« wurden edle Schokoladen und andere kleine Odenwälder Besonderheiten gekauft, während wir im Buchgeschäft »Emig« regionale Literatur erstanden, die Tante Dorle dann im Schloss in einem wunderschönen Glasschrank zum Verkauf ausstellte. Als krönenden Abschluss genossen wir meistens eine heiße Schokolade im Schloss Café in Amorbach. Die kurvige Strecke nach Hause in einem VW Käfer, den Tante Dorle bereits 1954 fuhr, habe ich jedoch nicht in allzu guter Erinnerung behalten. Noch heute plagt mich bei vielen Kurven in jeglichen Beförderungsmitteln die Übelkeit.

Im Jahr 1955, vielleicht auch erst 1956, besuchte ich meinen Vater in Darmstadt während der Schulferien. Mit meinen neun Jahren wurde ich in den Zug in Kailbach gesetzt und hatte auf einem Zettel alle Haltestellen bis zum Darmstädter Hauptbahnhof notiert, wo mich mein Vater dann abholte. In der Viktoriastraße hatte ich mein Bett auf dem Sofa, und wenn mein Vater noch Dienst hatte, ging ich gegen Mittag durch den Herrengarten zum Alten Theater, wo ich beim Pförtner wartete, bis er fertig war. Leider fehlt mir die Erinnerung daran, welche Unternehmungen wir an den Nachmittagen gemeinsam unternommen haben.

Dann kam schließlich 1957 der ersehnte Moment. Meine Mutter bekam die Ausreisegenehmigung aus der DDR für sich und Rudolf (Wolfgang war schon zuvor nach Darmstadt gekommen) und konnte alle ihre Habseligkeiten mitnehmen. Vom »Blüthner Flügel« über die große Standuhr bis hin zum Meissner Porzellan kam alles heil in Darmstadt an. Damit endete auch meine Zeit in Waldleiningen, und die gesamte Familie Höfgen vereinigte sich wieder in Darmstadt.

Unsere Familie vereint in Darmstadt

Für eine kurze Zeit hatten wir ein sehr kleines Domizil in der Schulstraße, bis wir alle in die Büchnerstraße 15 einziehen konnten. Es war ein altes Einfamilienhaus, das im Krieg nicht zerstört wurde und einer Professorenfamilie Becker gehörte. Frau Becker bewohnte den ersten Stock, wir lebten im Erdgeschoss mit einer Küche und einer Toilette im Keller. Ein Badezimmer oder Zentralheizung gab es nicht. Geheizt wurde mit einem Kachelofen im Wohnzimmer. Später haben meine Eltern dann eine Gasheizung mit einzelnen Öfen einbauen lassen. Das Schlafzimmer, das ich mit meinen Eltern teilen musste, hatte ein Waschbecken. Dann war da noch unser Musikzimmer mit dem großen Flügel, in dem mein Vater immer seinen Mittagsschlaf hielt. Wenn danach die Tür aufging, traten nebelartige Rauchschwaden aus seinem Zimmer, da er ein sehr starker Raucher war. Rudolf hatte ein eigenes Zimmer, das aber auch kein fließendes Wasser hatte; er benutzte einen Wasserkrug und eine Waschschüssel. Eine Besonderheit dieser Wohnung war auch ein Speiseaufzug, der aus der Küche im Keller das Essen per handbetriebenem Seilzug nach oben brachte.

Den wunderschönen großen Garten liebten wir alle sehr, mit seinen Beerensträuchern, dem Sauerkirschbaum, dem kleinen Gemüsegarten und all den schönen Blumen, auch wenn wir häufig darin arbeiten mussten. In den ersten Jahren, als die Wohnung ausschließlich mit dem Kachelofen geheizt wurde, wurden uns die Briketts in den Keller geschüttet, die wir dann ordentlich aufschichten mussten – eine sehr »schwarze« Angelegenheit. Rudolf und ich gingen im Spätsommer regelmäßig in den Wald, um Anmachholz und Tannenzapfen zu sammeln, die wir auf unseren Fahrrädern in großen Säcken nach Hause transportierten.

Rudolf und Christine,
Darmstadt, Ludwig-Büchner-Straße 15 im Garten

Mein Schulunterricht setzte sich nahtlos von Ernsttal in Darmstadt in der vierten Klasse fort. Mein damaliger Klassenlehrer Walter Möbus begegnete mir unerwarteterweise 1970 wieder, als er Rektor der Bessunger Grundschule wurde, in die unsere Tochter Steffi mit sechs Jahren eingeschult wurde, und drei Jahre später auch Annette. Er ist der Autor des *Bessunger Lesebuchs*. Nach einem

Jahr Ursulinenschule besuchte ich die Realschule in der Herrmannstraße (Mornewegschule). Rudolf musste nach Jugenheim mit der Straßenbahn fahren, um in das Schuldorf zu kommen, die damals einzige Schulform, die älteren Kindern aus der DDR die Möglichkeit gab, das Abitur zu machen. Er kam ja mit ganz anderen Schulvoraussetzungen aus Dresden. Seine zweite Fremdsprache war Russisch, hier hingegen Englisch.

Die Büchnerstraße brachte mir viele Freunde, denen ich ein Leben lang verbunden blieb – die Schindler-Brüder, Hans-Jürgen Henkel, Bernd Kiskalt, Helga Musset und natürlich Dieter, auch wenn er in der Parallelstraße wohnte, aber das Haus grenzte an unseres. Meine Eltern haben zehn Jahre dort gewohnt und mussten dann, da das Haus verkauft wurde, ausziehen. Eine kurze Zeit wohnten sie dann in der Seekatzstraße, direkt gegenüber der Kirche, bis sie eine sehr schöne Wohnung in der ersten Etage im Rilkeweg fanden. Dort haben sie mehr als 20 Jahre verbracht und sich auch sehr wohlgefühlt.

Sicher glaubten sie, ihr Leben lang dort wohnen zu können. Leider wurde die Wohnung vom Vermieter in Eigenbedarf genutzt, das bedeutete noch einmal einen Umzug. Die Entscheidung fiel ihnen nicht leicht, mittlerweile war meine Mutter fast 80 Jahre alt, und beide waren sehr unglücklich darüber. Die neue Wohnung lag sehr stadtnah, in der Merckstraße. Vater fuhr noch immer seinen orangefarbenen VW Golf, was beiden eine große Flexibilität garantierte.

Irgendwann wurde aber alles beschwerlicher. Mit 75 Jahren beendete er seine berufliche Arbeit als Korrepetitor in der Akademie für Tonkunst, wo er mehr als 27 Jahre gewirkt hatte. Sein Gehör wurde immer schlechter, eine große Herzoperation mit mehreren Bypässen war schon vorausgegangen, und später kam noch ein Herzschrittmacher dazu. Ungefähr 1997 entschieden sie sich, in das Altenwohnheim in die Dieburgerstraße zu ziehen. Mein Vater fühlte sich dort nie richtig wohl, er war vielleicht einfach noch zu fit. Als meine Mutter 2001 starb, verließ er das Wohnheim wieder, um zu seiner langjährigen Bekannten zu ziehen.

Im Dezember 2001, mit 84 Jahren, heiratete er sie und hatte mit ihr noch vier glückliche Jahre. Am 21. März 2006 ist mein Vater im 89. Lebensjahr gestorben.

Jahre allein in Dresden

Immer wieder habe ich mich gefragt, wie es meiner Mutter erging, als ihr Mann 1954 in den Westen übersiedelte. Plötzlich war sie mit drei Kindern allein und musste für alles sorgen. Wolfgang war 15 Jahre alt, hatte die Schule bereits beendet und machte eine Ausbildung zum Gärtner in Radebeul. Rudolf war 11 Jahre alt und ging noch zur Schule. Ich war gerade in die erste Klasse gekommen, als es in den Sommerferien nach Waldleiningen ging, und ich dort blieb.

Nun kam meine Mutter mit Rudolf alleine nach Dresden zurück, woraufhin sie erst einmal keine Reisegenehmigung mehr in den Westen bekam. Ihr Ausreiseantrag im Zuge der Familienzusammenführung in den Westen wurde abgelehnt. Es begann eine Zeit des ständigen Hoffens, die Genehmigung zu erhalten. Es sollte noch recht lange dauern. Ihr Beruf und ihre beste Freundin Edith Hellriegel haben ihr sicher über so manche schlimme Zeit geholfen. Der Sohn von Edith Hellriegel, Peter Rösel, der auch mit Rudolf befreundet war, wurde später ein berühmter Konzertpianist.

Zu Hause gab es nun auch kein Hausmädchen mehr, sodass das vorbereitete Essen aus der sogenannten Kochkiste immer eine gute Mahlzeit barg. Eine herrliche Erfindung für alle warm zu haltenden Speisen. Sie war auch noch unser Begleiter in Darmstadt.

Dann kam die Zeit, in der meine Mutter Berufsverbot bekam. Plötzlich war kein Einkommen mehr da. Wie hat sie sich da wohl gefühlt? Aus Erzählungen weiß ich, dass ihre Kollegen sie unterstützt haben. Aber wie standen ihre Schwiegereltern zu ihr? Mein Großvater Höfgen war zu dieser Zeit schon pensioniert und hatte nur noch ein kleines Einkommen durch sein Orgelspiel in der Kirche. Haben meine Großeltern meine Mutter unterstützt, sich ein neues Leben mit ihrer Familie im Westen aufzubauen, nachdem ihr Sohn Christian bereits geflüchtet war? Jedenfalls war es für meine Mutter sicher keine leichte Zeit.

Im Jahr 1956 schaffte es Mutters Bruder Erich Müller, sich eine Liberalisierung der Ausreisegenehmigungen zunutze zu machen, auch er wollte die DDR verlassen und hatte mit der sogenannten Familienzusammenführung Glück. Er konnte mit seiner Familie in den Westen ausreisen, und auch meine Mutter erhielt im November 1956 die Erlaubnis, mit der Familie und ihrem ganzen Besitz nach Darmstadt umzuziehen. Es wurde eine genaue Liste mit allen Gegenständen, die mitgenommen werden sollten, verlangt, die genehmigt werden musste. Vom Meissner Geschirr bis zum Blüthner Flügel kam alles unversehrt hier an.

Die Geschwister
meiner Mutter

I m Sommer 1895 verlobte sich Margarethe Prölß mit
dem Predigtamtskandidaten Paul Müller. Es vergingen
noch knapp vier Jahre, bis sie im Januar 1899 heirate-
ten. Zu dieser Zeit war Paul Müller Diakon in Mylau
im Vogtland geworden. Im Jahr 1900 wurde ihre erste
Tochter Elisabeth geboren, gefolgt von Johannes (Hans)
1902, Erich 1907, Dorothea (Dorle) 1909 und Katharina
(Käthe) 1912. Meine Mutter Käthe ist die jüngste Tochter
und in Taltitz geboren. Wann ihr Vater Paul dort Pfarrer
wurde, ist mir nicht bekannt.

Im Jahr 1914 begann der Erste Weltkrieg, und es ist sehr
wahrscheinlich, dass mein Großvater Paul in den Krieg
musste, obwohl er zu dieser Zeit 44 Jahre alt war. In jedem Fall wurde die goldene Hochzeit meiner Urgroßel-
tern Julius Prölß und Marie Friedrich am 3.10.1915 in
Taltitz gefeiert, und mein Großvater Paul hielt die Predigt.
Alle fünf Enkel waren anwesend. Ein Jahr später feierte er
seinen 80. Geburtstag.

Über die älteste Schwester Elisabeth ist mir nichts bekannt, außer dass sie leider schon sehr früh an Tuberkulo-
se verstarb. Sind die beiden anderen Schwestern Dorothea
und Katharina auch in diese Schule gegangen? Beide hatten eine Schulbildung, die unserer Mittleren Reife nahe-
kommt. Hans und Erich besuchten ein Gymnasium, eine

sogenannte Fürstenschule, und machten Abitur. Fürstenschulen gab es in protestantischen Gegenden, die auf Luther zurückgehen. In Meißen war eine solche Schule namens «St. Afra», ein altes Kloster, das als Internat geführt wurde. Dies erklärt möglicherweise die Erzählungen meiner Mutter, dass ihre Brüder immer in den Sommerferien nach Hause kamen.

Hans wurde wieder Pfarrer, wie sein Vater und Großvater, während Erich Pharmazie studierte und in der Nähe von Dresden eine Apotheke leitete. Johannes (Hans) Müller blieb als Einziger der Geschwister in der DDR und hatte mit den dortigen Problemen zu kämpfen. Nach und nach zogen fast alle seine Kinder in die Bundesrepublik, häufig mithilfe seines Bruders Erich. Hans verstarb früh an Krebs.

Erich Müller wurde Apotheker und leitete die »Mohren Apotheke« in Radeberg und später in Possendorf. Nach dem Krieg wurde er von 1954–1956 in Bautzen inhaftiert, vermutlich aufgrund regimegegnerischer Äußerungen oder Handlungen. Sein Antrag zur Ausreise aus der DDR wurde 1956 genehmigt, und seine neue Heimat wurde Offenbach/Main, wo er bald wieder eine eigene Apotheke hatte.

Dorothea Müller war mit dem Mediziner Günther Straube verheiratet, und sie hatten zwei Kinder, Eckart und Ursula. Dorothea (Tante Dorle) musste während des Krieges aufgrund der Kriegswirren zu ihren Eltern zurückkehren. Nach dem Krieg übernahm Günther Straube als Chefarzt die Leitung des Sanatoriums in Waldleiningen, wo die Familie bis 1957 lebte. Danach zogen sie nach Frankfurt/Main, wo er eine Chefarztstelle in einer Klinik in Sachsenhausen übernahm. Dorothea übte ihren Beruf nach dem Krieg nicht mehr aus und wurde 94 Jahre alt.

Meine Mutter, Katharina (Käthe), wurde als jüngstes Kind geboren und war von ihren Schwestern immer die lebhafteste und quirligste. Sie lernte leicht und hatte eine große musikalische Begabung. Ihre wunderbare Stimme erklang schon als junges Mädchen bei vielen festlichen Gelegenheiten. Obwohl es für diese Zeit unüblich war, ließ ihr Vater, der Pfarrer, sie Musik studieren. Sie war 23 Jahre alt, als ihr Vater 65 Jahre war und wahrscheinlich pensioniert wurde. Ob mein Großvater noch länger in Taltitz Pfarrer blieb oder dort noch wohnte, ist mir nicht bekannt. Meistens waren diese Stellen mit einer dazugehörenden Woh-

Mein Vater mit mir, Tante Jutta
und Onkel Erich

nung besetzt, die bei Beendigung der Tätigkeit abgegeben
werden musste.

Während ihres Musikstudiums wurde sie schwanger, und
1939 wurde mein Bruder Wolfgang in Radebeul geboren.
Als sie 1942 meinen Vater heiratete, lebte sie bereits mit
ihren Eltern in der Altenbergerstraße 3 in Dresden, wohin meine Großeltern nach ihrer Pensionierung gezogen
waren. Ein besonderes Verhältnis muss sie zu ihrem Bruder Erich gehabt haben, der ein sehr revolutionärer junger Mann war und zur SS (Staatssicherheit) tendierte, im
Gegensatz zu seinem konservativen Bruder Hans, der der
Kirche zugeneigt war. Es gab sicherlich Diskussionen mit
dem Großvater.
    Erich war auch derjenige, der ihr immer wieder zur Seite
stand. Er warnte sie vor dem großen Angriff auf Dresden
1945 und half ihr bei der Bürokratie für die Ausreise aus
dem Osten. Interessant ist, dass später alle drei Geschwister im Umkreis von 50 km lebten, in Darmstadt, Frankfurt und Offenbach, und ein reges Familienleben entstand.

Neustart in Darmstadt

Wie sah nun das Leben hier im Westen ab dem Jahr 1957 für meine Mutter aus? Auch für sie war der Beginn sehr hart. Als Altistin wurde sie zu der Zeit in Darmstadt am Theater nicht gebraucht, und mein Vater verdiente nicht viel. Einmal sah ich einen Vertrag liegen, das muss um 1960 gewesen sein, in dem sein Gehalt mit DM 500.- angegeben war. Es musste eine Familie ernährt werden, und meine Mutter tat ihr Möglichstes dazu. Vom Äpfelpflücken auf der Rosenhöhe bis zum Putzen in Privathaushalten, Hauptsache, es kam noch etwas Geld herein.

Vielleicht war das auch der Grund, warum man meinen ältesten Bruder Wolfgang nicht mehr in die Familiengemeinschaft in der Büchnerstraße aufnahm. Der Platz war beengt, das Geld knapp und die Eltern waren wohl der Meinung, dass er mit seinen 18 Jahren auf eigenen Füßen stehen könnte. Für ihn war das sicherlich ein riesiger Schock, nun auf sich alleine gestellt zu sein, nachdem er schon so viel in Dresden erlebt hatte. Er ging nach Bamberg in eine Gärtnerei, dann in die Schweiz nach Tennero und anschließend nach Bregenz in Österreich, wo er viele Jahre später auch seine Frau Wilma fand. Er besuchte uns jedes Jahr, und wir beide hatten ein ganz besonderes, enges Verhältnis. Von ihm hatte ich mein erstes Fahrrad zur Konfirmation bekommen, und an Weihnachten brachte er mir immer eine große Schachtel Pralinen mit, die ich besonders gerne aß.

Dem Wesen nach war meine Mutter die Künstlerin unserer Familie. Sie lebte regelrecht auf, wenn Gäste kamen, und man sah sie nie mit einer Schürze außerhalb unserer Familie. Sie muss sehr glücklich gewesen sein, als ihr wieder ein Vertrag im Darmstädter Theater angeboten wurde. Damals wurden die tollsten Werke unter dem Intendanten Gustav Rudolf Sellner in der provisorischen Spielstätte »Orangerie« aufgeführt. Das alte wunderschöne Theater am Herrngarten war seit dem Krieg zerstört und konnte nur noch zu Probezwecken genutzt werden. Ich sehe sie noch als Hänsel in »Hänsel und Gretel« auf der Bühne, oder als »kleinen Puck«, oder in der »Lustigen Witwe« – da war sie in ihrem Element. Ich erinnere mich auch an viele nette Kolleginnen, die sie hatte, vor allem Elvira Beitler und Anneliese Runnebaum, mit denen sie auch enger befreundet war.

Um die Haushaltskasse etwas aufzubessern, wurden auch hin und wieder »Kleinere oder Größere Mucken« angenommen: kleine Auftritte mit Gesang oder nur Klavier bei Familienfesten, Firmenjubiläen und Hochzeiten. Irgendwann spielte mein Vater auch einmal für die Darmstädter Software AG, Herrn Schnell, das muss aber um vieles später gewesen sein. Auch hat es wohl einmal einen Auftritt bei Ludwig Prinz von Hessen und bei Rhein gegeben. Er war der letzte Nachkomme unseres Großherzogs und ist 1968 gestorben. Es muss ein sehr feiner, bescheidener Mann gewesen sein. Seine Frau, Prinzessin Margarethe, lebte noch bis 1997 und war allgemein bei der Bevölkerung sehr beliebt.

Nach 10 Jahren in der Büchnerstraße wurde das Haus verkauft, und meine Eltern mussten wieder einmal umziehen. Für eine kurze Zeit zogen sie in die Seekatzstraße, in der Dieter und ich nach unserer Hochzeit ein Dreivierteljahr gelebt hatten. Bald aber konnten sie im Rilkeweg in der ersten Etage in einer wunderschönen Dreizimmer-wohnung mit Balkon eine neue Bleibe finden. Auch sie mochten Bessungen besonders gern, schon allein die Nähe zur Orangerie war für sie natürlich ideal.

1972 entsteht auf dem Gelände des ehemaligen Neuen Palais am Wilhelminenplatz der Neubau des Staatsthea-ters. Meine Mutter war zu dieser Zeit 60 Jahre alt. Als Altistin hatte sie keine Probleme, ihre Stelle am Theater noch ein wenig zu behalten, sie sah noch sehr gut aus, war recht schlank und es war wohl keine Konkurrenz in Sicht. Sie war vielleicht 63/64 Jahre alt, als sie sich pensi-onieren lässt, nun wollte sie das Leben ohne Arbeit und Verpflichtungen genießen. Mein Vater war knapp 60 und dachte überhaupt nicht daran, seine künstlerische Arbeit aufzugeben.

Meine Mutter
wird krank

Sie war nun allein zu Hause, und es dauerte leider nicht lange, und sie wurde krank. Diagnose: Brustkrebs, der Schock saß tief, und es dauerte sehr lange, bis sie sich davon etwas erholt hatte. Ein Stück Lebensmut war verschwunden, auch fühlte sie sich nicht mehr vollwertig. Mit der Zeit arrangierte sie sich mit ihrer Situation, auch mit dem Alleinsein, denn mein Vater arbeitete zu dieser Zeit wohl nicht mehr am Theater, aber er war noch zehn Jahre lang Lehrer an der Akademie für Tonkunst. Sie machten viele schöne Reisen gemeinsam, und mit zunehmendem Alter wurden die Entfernungen immer kürzer. Ihr Herz machte Probleme, auch konnte sie keine längeren Strecken mehr im Auto fahren. Die Urlaube wurden nun von meiner Mutter per Zug bewältigt, Vater fuhr im Auto mit dem Gepäck hinterher.

In der Wohnung im Rilkeweg lebte sie sehr gerne. Dort hatte sie alles, was sie brauchte – drei Zimmer mit einem schönen Balkon im ersten Stock. Es war ein Zweifamilienhaus, auch das Erdgeschoss war vermietet. Sie hätte so gerne bis an ihr Lebensende dort gewohnt. Aber es sollte anders kommen. In ihrem 80. Lebensjahr wurde ihnen die Wohnung wegen Eigenbedarfs gekündigt. Sie war absolut kein streitbarer Mensch und wollte nicht gegen die Kündigung ankämpfen, was ihr vielleicht, bedingt durch ihr Alter und die lange Zeit des Wohnens in dieser Wohnung, auch gelungen wäre. Sie mussten sich noch einmal eine neue Bleibe suchen. Über die Frage des Wohnens, eine Eigentumswohnung oder betreutes Wohnen, konnte ich nicht mit meinem Vater diskutieren. Ich glaubte, die Müdigkeit meiner Mutter zu spüren, die Anstrengung des Umzuges, das Eingewöhnen in eine neue Wohnung – all das wurde ihr langsam zu viel.

Die Dreizimmerwohnung in der Merckstraße lag auch in der ersten Etage, hatte zwei Balkone, schöne Zimmer und eine große Küche. Ein großer Vorteil bei dieser Wohnung war die Stadtnähe. Vieles konnten sie noch zu Fuß erledigen. Zu dieser Zeit fuhr mein Vater noch seinen Golf, was ihnen eine große Flexibilität brachte.

Dann aber, bei einem unglücklichen Sturz, brach sich meine Mutter den Oberschenkelhalsknochen. Nach der Operation kam sie auch recht bald wieder auf die Beine, es hatte sich jedoch eine Zyste gebildet, die ihr arge Schmerzen bereitete. Einer erneuten Operation wollte sie aber nicht zustimmen. Sie konnte ab diesem Zeitpunkt nur noch kleine Strecken gehen. Eine Bruchoperation, die dann auch noch plötzlich auftrat, hat sie allerdings erstaunlich gut verkraftet. Trotz alledem zehrten diese Krankheiten an ihren Kräften. Sie wollte versorgt sein, sich nicht mehr um alles kümmern müssen. Das gab sicher auch den Ausschlag, sich in der Seniorenresidenz an der Rosenhöhe einzumieten. Sie war zu dieser Zeit 85 Jahre.

Nun mussten sie wieder umziehen in eine kleine Zweizimmerwohnung mit Küche und Bad in der ersten Etage. Die Wohnung hatte einen wunderschönen Balkon, den sie sich immer mit frischen Blumen bepflanzen ließ. Sie gingen nach wie vor noch ins Theater, in die Opernpremiere, und danach wurde immer noch ein Glas Wein getrunken.

Manchmal erzählten sie von alten Geschichten, worüber meine Mutter oft herzhaft lachen konnte.

[Anmerkung von Dieter: Dieses unbeschwerte La-chen hatte Christine von ihrer Mutter, auch sie konnte sich manchmal in dieses herzerfrischende Lachen hineinsteigern, bis ihr die Tränen die Wan-gen herunterliefen und sie sich kaum mehr ein-kriegen konnte.]

Im Sommer 2000, nach einem Herzinfarkt, hatte sie De-pressionen. Sie kam ins Krankenhaus, man stellte sie ru-hig, es ging ihr dort zusehends schlechter, und mein Vater holte sie nach Hause. Sie musste nun gepflegt werden. Mein Vater tat dies mit besonderer Liebe, aber auch bei ihm ging das irgendwann über seine Kräfte. Sie kam ins Pflegeheim in ein Einzelzimmer, wo mein Vater sie täg-lich besuchen konnte. Auch ich besuchte sie regelmä-ßig, obwohl es sehr schmerzhaft war, dem langsamen Verfall zuzuschauen. Ich glaube, sie wurde dort gut ver-sorgt, aber sicher war sie auch sehr einsam, denn jeder Mensch wünscht sich bestimmt sein Lebensende zu Hau-se im Kreise seiner Familie. Sie starb in der Nacht vom 25. April 2001, im 89. Lebensjahr, einen Tag vor meinem 54. Geburtstag.

»Tante Bille«

Theodora Wille, von uns allen liebevoll »Tante Bille« genannt, war die ältere Schwester meiner Großmutter Margarethe Wille. Im Gegensatz zu ihrer Schwester hat sie nie geheiratet und betrieb eine kleine Gärtnerei als Gartenbaumeisterin in Radeburg, zusammen mit Grete Richter, der Schwester des dort ansässigen Arztes. Tante Bille, Richters und unsere Eltern waren gut befreundet. Wir Kinder, vor allem Wolfgang und Rudolf, haben dort viele Ferien verbracht. Es war ein kleiner Ort, wo es noch keine geteerten Straßen gab und die Gänse jeden Abend wieder vom Teich nach Hause geholt wurden. Die Gärtnerei war ein wunderbarer Spielplatz, ebenso wie das riesige Anwesen der Richters, die auch Kinder im Alter meiner Brüder hatten. Tante Grete und Tante Bille waren beide ganz liebevolle Menschen, die sich auch immer sehr freuten, wenn Wolfgang und Rudolf kamen. Der »Doktor«, wie er allgemein genannt wurde, war wohl ein rechtes »Raubein«, aber ausgesprochen kompetent und bei seinen Patienten sehr beliebt.

Tante Bille war eine absolut freiheitlich denkende Frau, die sich überhaupt nicht mit der Regierung in der DDR nach dem Krieg anfreunden konnte und das sicher auch manchmal laut gesagt hat. Ich weiß nicht, wie viele Probleme sie dadurch bekommen hat, aber sie hat wohl ihren Neffen, meinen Vater, gut verstanden, dass er dieses Land verlassen hat. Hatte vielleicht meine Mutter in ihr eine Stütze in den drei Jahren des Alleinseins?

Grete Richter ist sehr früh gestorben, und Tante Bille hat dann die Gärtnerei auch verkauft. Sie war nach dem Krieg über 60 Jahre alt, aber ausgesprochen rüstig. Ich weiß nicht mehr genau, wann sie uns das erste Mal in Darmstadt besuchte, aber es muss noch in der Zeit gewesen sein, als wir in der Büchnerstraße wohnten, vielleicht 1959/60. Wenn meine Eltern Ferien hatten, verreiste sie häufig mit ihnen. Besonders liebte sie die Berge (ei verbbisch, tüscht hüschelisch), und natürlich nahm sie unser Vater mit in die Schweiz. Ganz einfach war das sicher damals auch noch nicht, denn Tante Bille hatte ja keinen Ausweis, lediglich eine Bescheinigung zum Besuch ihres Neffen in Darmstadt, und die Schweiz war damals noch sehr streng mit den Kontrollen. Aber es hat immer geklappt.

Als meine Eltern dann im Rilkeweg wohnten, kam Tante Bille in den Ferien zu uns in die Wilhelm-Michel-Straße. Wir hatten genügend Platz, auch wenn sie in dieser Wohnung viele Treppen steigen musste. Da sie eine große Tierliebhaberin war – sie hatte zu Hause immer Katzen –, war sie ganz begeistert, als wir ihr schrieben, dass wir uns einen jungen Bernhardiner zugelegt hätten. Sie schrieb zurück, dass sie sich schon sehr freue, und sie wolle das »kleine Tierchen« den ganzen Tag auf dem Schoß halten, was natürlich bei der Größe des »kleinen Tierchens« schon nicht mehr möglich war.

Sie besuchte uns immer in den Sommerferien, und die Geburtstage von Dieter und Steffi wurden dann mit der ganzen Familie gefeiert. Im Frühjahr 1971, war Tante Bille gestürzt und hatte sich einen Oberschenkelhals zugezogen. Zu dieser Zeit musste man noch lange im Krankenhaus liegen, es kam eine Lungenentzündung dazu, woran sie dann starb.

Die Geschwister
meines Vaters

Neun Jahre, nachdem mein Vater geboren wurde, kam 1926 seine Schwester Gertraude zur Welt, und drei Jahre später, 1929, wurde seine Schwester Rosemarie geboren. Nachdem mein Großvater unversehrt aus dem Ersten Weltkrieg zurückgekehrt war, konnte er sofort wieder als Lehrer arbeiten.

Wie haben wohl meine Großeltern die Jahre der Wirtschaftskrise mit drei kleinen Kindern bewältigt? Einen kleinen Einblick bietet das Tagebuch meines Großvaters, das er mit der Geburt meines Vaters 1917 begonnen hat, leider endet es 1923 (»Unser Bubi«). Als Volksschullehrer hatte er damals sicherlich kein großes Einkommen. Wurden im eigenen Garten Gemüse und Obst angebaut? Die Lebensbedingungen auf dem Land waren wahrscheinlich etwas besser. Nach dem Zweiten Weltkrieg verlor er seine Stelle als Lehrer, die Gründe dafür sind mir unbekannt. Dennoch spielte er ausgezeichnet Orgel, was ihn zum Kantor der Grünberger Kirche machte.

Rosemarie wurde Verkehrskauffrau und arbeitete bei der Deutschen Reichsbahn, die von 1949–1993 in der DDR betrieben wurde. Am 28.5.1949 heiratete sie den Ökonomen Gerd Bollensänger. Zur Hochzeit spielte die Orgel mein Vater, ihr Bruder Christian und meine Mutter Käthe sang dazu. Gerd musste ein sehr schweres Leben meistern, da er noch zum Ende des Krieges eingezogen und schwer verletzt wurde, was sein ganzes Leben prägte.

Sie haben zwei Kinder bekommen, Gudrun und Matthias. Bis auf Gudrun leben alle heute noch in Dresden. Auch vor der Maueröffnung 1989 waren sie öfter zu Besuch bei uns, allerdings nur mit besonderer Genehmigung, zum Beispiel bei einem runden Geburtstag von Christian, einer Hochzeit oder Beerdigung. Wie mein Vater, der jeden Sommer seine Geschwister in Dresden und Grünberg besuchte, fuhren auch sie oft zu gemeinsamen Urlauben nach Ungarn oder Tschechien. Später kamen die Schwestern und Gerd regelmäßig zu Besuch nach Darmstadt, aber Gertraudes Mann Ewald kam nie mit.

Mein Vater war der Einzige in seiner ganzen Familie, der seinen Wohnsitz schon zu DDR-Zeiten in den Westen verlegte. Ob und wie viel Verständnis seine Geschwister dafür zeigten, wurde sicher bei den Familientreffen mehr oder weniger stark diskutiert. Vielleicht hatte mein Vater auch immer noch ein schlechtes Gewissen, dass er in den »Westen« gegangen war. Jedenfalls gab es zu den Geburtstagen und zu Weihnachten immer Päckchen nach Dresden und Grünberg.

Gertraude heiratete den Landwirt Ewald Thalheim, der 21 Jahre älter als sie war. Die Familie Thalheim aus Hermsdorf war, wie im Tagebuch zu lesen ist, meinen Großeltern bekannt. Sie bekamen drei Kinder: Lotte, Ernst und Anemone. Lotte (genannt Lotti) verstarb mit knapp 35 Jahren an Krebs, Ernst und Anemone leben mit ihren Familien in Grünberg. Ich habe meinen Onkel Ewald nur einmal getroffen, als ich ihn 1991/92 in Grünberg besuchte. Zu dieser Zeit konnte er das große Anwesen nicht mehr bewirtschaften. In den Zeiten der DDR wurde gleich nach dem Krieg die Landwirtschaftliche Produktionsgenossenschaft (LPG) gegründet. Es war ein Zusammenschluss der den Bauern gehörenden landwirtschaftlichen Flächen und ihrer Produkte zur gemeinschaftlichen agrarischen Produktion in der DDR. Die ganze Familie Thalheim musste sich dieser Genossenschaft anschließen.

Nach der Wiedervereinigung 1989 konnten die Nachkommen von Traudl und Ewald wieder allein über ihr Anwesen verfügen. Heute leben mein Cousin Ernst mit seiner Familie und Anemone mit ihrer Familie in den renovierten Wohnungen.

Dresden
13. Februar 1945

Die Alliierten starteten ihre Maschinen, beladen mit Sprengbomben, und diesmal war Dresden ihr Ziel. Vorher gab es bereits Angriffe auf Magdeburg und Leipzig. Die Stadt war Angriffe gewöhnt – wenn die Sirenen heulten, suchten die Menschen Schutz in den Luftschutzkellern, die extra dafür vorbereitet waren.

Dieser Tag war anders. Meine Mutter, Katharina, allein mit ihren zwei kleinen Kindern – Rudolf war gerade mal 14 Monate alt und Wolfgang sechs Jahre –, wusste durch ihren Bruder Erich von der Bombardierung Dresdens und dass dieses Mal die totale Zerstörung geplant war. Mit ihrer Mutter Margarethe, Rudolf im Kinderwagen und Wolfgang an der Hand verließ sie bei eiskaltem Wetter ihr Zuhause in der Altenbergerstraße und lief wie viele andere aus der Stadt hinaus, Richtung »Blaues Wunder«, die berühmte Brücke über die Elbe. Mit Tausenden verängstigten Menschen gingen sie über die Brücke, den Berg hinauf zum »Weißen Hirsch« nach Bühlau. Der erste Bombenangriff erfolgte am Abend gegen 22:00 Uhr. Wie viele andere versteckten sich diese vier Menschen in der Dresdner Heide und sahen unter ohrenbetäubendem Lärm die angreifende Luftabwehr und ihre Stadt in Feuer und Flammen aufgehen. Die Sprengbomben zerstörten in dieser Nacht ein Drittel aller Wohngebäude. Wie viele Menschen damals in den Kellern oder auf den Straßen starben, bei einem unvorstellbaren Feuersturm, möchte ich hier gar nicht erwähnen.

Gegen Morgen, nach Abklingen der Angriffe, musste meine Mutter eine Entscheidung treffen. Wo sollte sie hingehen? Stand unser Haus noch, und was würde sie dort antreffen? Sie entschied sich zunächst, nach Langebrück zu gehen. Von dort wollte meine Oma Müller nach Radeberg. Meine Mutter ging mit den beiden Kindern nach Grünberg zu ihren Schwiegereltern. Dort waren sie sicher, es war warm, und es gab etwas zu essen. Irgendwann erhielt sie wohl die Nachricht, dass unser Haus in Dresden, wie durch ein Wunder, stehen geblieben war. Sie kehrte zurück. Fand sie womöglich ausgebombte Menschen in unserer Wohnung?

Die schutzlosen Frauen hatten vor den heranrückenden Russen am meisten Angst. Die Soldaten suchten Nahrung, Wertsachen und Unterkunft. Da viele von ihnen zivilisatorische Dinge nicht kannten, wie Wassertoiletten, in denen sie sich zum Beispiel die Haare wuschen, und sich generell sehr brutal verhielten, verschaffte der Anblick meiner Mutter mit einem Baby auf dem Arm ihr die Möglichkeit, in Ruhe gelassen zu werden.

Etwa drei Monate später war der Krieg zu Ende. Mein Vater, der Ehemann, musste jedoch noch ein Jahr in Kriegsgefangenschaft verbringen.

Nachwort von Christine

Alle Menschen kommen auf die Welt, ohne das Wissen, wie ihr Lebensweg einmal aussehen wird. Sie werden mit vielen schönen und wahrscheinlich auch mit vielen schwierigen Entscheidungen konfrontiert werden.

Aber gibt es etwas Schöneres als das Leben?

Des Menschen Seele
Gleicht dem Wasser:
Vom Himmel kommt es,
Zum Himmel steigt es,
Und wieder nieder
Zur Erde muss es,
Ewig wechselnd.

Aus dem »Gesang der Geister über den Wassern«
(Johann Wolfgang von Goethe)

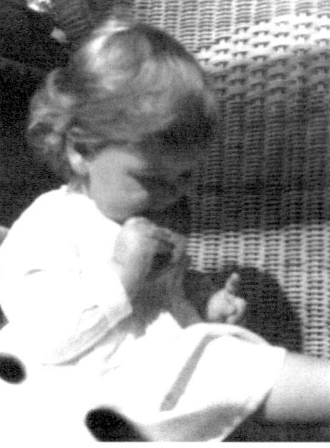

Christines Kindheit

Ein glückliches, junges Paar mit Tochter Stefanie *1964

Sommerferien 1973 Ossiacher See in Kärnten

63

Teil II

Christines
Geburtstagsrede

Den zweiten Teil des Buches starte ich mit Christines Geburtstagsrede, die sie anlässlich ihres 75. Geburtstages (*26. April 1947) bei der Familienfeier am Sonntag, dem 8. Mai 2022, im Blauen Salon des Jagdschlosses Kranichstein gehalten hat.

Die Entscheidung, diesen halbrunden Geburtstag im Kreise ihrer Verwandten zu feiern, war bereits außergewöhnlich genug. Christine war stets dafür bekannt, kein übermäßiges Aufhebens um sich selbst zu machen. Dennoch fasste sie dieses Mal den Entschluss, ihren Geburtstag in großem Stil zu zelebrieren. Sie lud alle ihre Verwandten ein, und erstaunlicherweise folgten der Einladung alle 32 Gäste, die sie angeschrieben hatte. An jenem Sonntag erfreuten wir uns an einem strahlenden Vorsommertag und einer ausgesprochen fröhlichen Atmosphäre, die sich unter allen breitmachte.

Was mich persönlich besonders überraschte, war Christines außergewöhnliche Hingabe in den Wochen vor ihrem Geburtstag. Die Tatsache, dass sie im Vorfeld an der Ausarbeitung ihrer Geburtstagsrede feilte, war für mich völlig ungewöhnlich. Die Rede war sehr beeindruckend und passt daher an diese Stelle zum Nachlesen:

Sonntag, 8. Mai 2022, auf Jagdschloss Kranich-stein

Meine liebe Familie!

Ich bin sehr dankbar und freue mich sehr, dass wir heute hier zusammen sein können. Vor noch nicht allzu langer Zeit hielt uns die Pandemie in Angst und Schrecken und bei jedem von uns hat sich in den letzten zwei Jahren vieles verändert. Wir haben uns an manches gewöhnen müssen, aber was uns wohl allen am meisten fehlt, sind die engen Kontakte mit der Familie, die Kommunikation mit Freunden und Bekannten, die Kultur.

Freiheit war und ist begrenzt, Spontanität und Kreativität mussten zurückstehen, und das »Lass uns doch mal einen Kaffee trinken gehen«, war vorbei. Das Wort Homeoffice bekam plötzlich eine ganz eigene Bedeutung. Jetzt werden wir unsere Tage wieder normaler genießen können, damit fangen wir heute schon an.

Nun könnte ich mich fragen, macht Freiheit auch glücklich? Oder anders gefragt, macht Unfreiheit unglücklich?
   Aber ich möchte noch ein Thema ansprechen, welches uns alle wohl noch mehr oder ebenso stark verunsichert wie die Pandemie.
   Am 24. Februar dieses Jahr begann ein Krieg im Osten Europas nur wenig mehr als tausend Kilometer von uns entfernt. Keine Angst, ich will nicht über diesen Krieg sprechen, aber was da geschieht, ist

entsetzlich, und bei allen diesen Schrecklichkeiten wiederholt sich etwas, was mir erst durch diesen Krieg so richtig zu Bewusstsein gekommen ist: die vielen Flüchtlinge, die in den Westen kommen, um der Absurdität eines Diktators zu entkommen.

Sie wollen in Freiheit leben. Sie haben alles, ihr ganzes bisheriges Leben aufgegeben. Familie, Wohnung, Arbeit, Schule, alles, was ein zufriedenes Leben ausmacht. Hier angekommen, sprechen nur wenige unsere Sprache und durch die kyrillischen Schriftzeichen können sie auch nichts lesen, ihr Geld hat kaum einen Wert.

Sie sind in Freiheit, aber sind sie auch glücklich? Das bringt mich nun zu meiner Familie. 1945 – der Zweite Weltkrieg war beendet. Im Übrigen ist heute der 8. Mai, Dresden war völlig zerbombt, meine Mutter und meine Brüder sind aufs Land geflohen. Mein Vater war im Krieg und kam erst 1946 aus amerikanischer Kriegsgefangenschaft nach Hause.
   Der Osten Deutschlands war unter russischer Besatzung, der Westteil wurde durch die drei Mächte Amerika, England und Frankreich geschützt.
   Das war der Status quo, wie er sich meinem Vater in Dresden darstellte. Er bekam wieder seine Stelle in der Staatsoper (die damals noch zerstört war), aber es wurde in einer Ersatzspielstätte gespielt.

In den Jahren um 1950 herum trat die Staatssicherheit an ihn heran, für sie im Theater westliche Gäste auszuspionieren. Auch er entschied sich nach mehrmaligen Verhören, das Land zu verlassen und mit seiner Familie in Freiheit zu leben. Im Gegensatz zu den ukrainischen Flüchtlingen heute, kam er im Westen an, wo noch Sprache und Schrift für ihn die gleiche war. Nun, er floh in dem Bewusstsein, seiner Familie ein freieres Leben zu ermöglichen, aber er musste seine Familie erst einmal zurücklassen, die damit für viele Jahre auseinandergerissen wurde, bis wir alle wieder in Darmstadt eine neue Heimat fanden. Dafür bin ich ihm heute noch dankbar. Es war ein Haus mit einem schönen großen Garten und einem Nachbarhaus, aus dem jeden Tag herrliche Klaviermusik klang und mit jedem Tag mehr verliebte ich mich in den Klavierspieler.

Wie das ausgegangen ist, seht ihr ja alle.

Ja, und für die wunderbaren Jahre mit dir, lieber Dieter, danke ich dir von ganzem Herzen. Nun kann ich sagen, ja, Freiheit bedeutet auch Glück!

Nun möchte ich kurz noch von zwei Begebenheiten sprechen, die so gut zu dem Heute passen. Vor 25 Jahren fast genau auf den Tag feierte ich meinen 50. Geburtstag im Elsass in Ribeauvillé, dabei waren meine damals noch kleinere Familie und meine Eltern. Es war ein schönes, interessantes und erinnerungsreiches Wochenende.

Im selben Jahr im September 1997 feierten meine Eltern ihren 80. und 85. Geburtstag im Schwarzwald am Titisee. Viele hier werden sich noch erinnern, es war die ganze Familie, Kinder, Enkel und noch lebende Geschwister meiner Eltern, für ein Wochenende eingeladen.

Sie sollen mir Vorbild sein für die weitere Zeit, die noch kommt.

Damit will ich jetzt nicht ankündigen, den nächsten runden Geburtstag auch so zu feiern, aber es ist ein schönes Ziel.

Zum Schluss möchte ich euch noch ein kleines Zitat von Franz Kafka vorlesen: »*Jeder, der sich die Fähigkeit erhält, Schönes zu erkennen, wird nie alt werden.*«

Nun wünsche ich euch einen guten Appetit und viele interessante Gespräche.

Meine Hommage
an Christine

Für mich stellte Christines Rede eine Premiere dar. Da sie sie zuvor weder mit mir besprochen noch mir zum Lesen gegeben hatte, kannte ich sie noch nicht. Weil ich wusste, dass sie an einer Rede arbeitete, fühlte ich mich herausgefordert, eine Hommage für sie vorzubereiten.

Hotel Jagdschloss Kranichstein am Sonntag, dem 8. Mai 2022

Meiner liebsten Christine zum 75. Geburtstag!

Am Samstag, dem 26. April 1947, erblicktest Du laut Geburtsurkunde des Einwohner- und Standesamtes der Landeshauptstadt Dresden um 8:20 Uhr das Licht der Welt. Am 1. Juli 1947 hast Du in der Heilig-Geist-Kirche in Dresden-Blasewitz von Pfarrer Michel die Heilige Taufe empfangen. Dein Taufspruch »Ich bin überschwänglich in Freuden« steht im 2. Korintherbrief 7, Vers 4.

Dein 1. Schuljahr verbrachtest Du in der Volksschule in Dresden. Im ersten Zeugnis der Grundschule der Deutschen Demokratischen Republik der Stadt Dresden steht: »Christine ist gut erzogen und folgsam, fleißig und verständig. Sie hat gute Gaben.«

Als kleines Mädchen im zarten Alter von 7 Jahren besuchten Deine Mutter mit Dir und Deinen beiden Brüdern den Vater, der ein Jahr zuvor in den Westen geflohen war. Illegal und ohne sich bei der DDR, der Deutschen Demokratischen Republik, ordentlich abzumelden.

Es muss für Euch alle eine wunderbare Wiedersehensfreude gewesen sein, als die Familie in den Sommerferien 1954 auf Schloss Waldleiningen im südlichen Odenwald zusammenkam.

Deine Eltern hatten einen Plan, den sie konsequent verfolgten. Und der Besuch in Waldleiningen war ein Teil dieses Plans. Ich kann mir kaum vorstellen, wie es Dir zumute gewesen sein und was Deine kleine Seele große Schmerzen ertragen musste, als Deine Mutter und Brüder wieder nach Hause zurückreisten und Dich nicht mitgenommen haben.

Man versuche, das einmal nachzufühlen, was es für ein siebenjähriges, kleines Mädchen bedeutete.

Auch Dein Vater musste nach diesen herrlichen Familiensommerferien zurück nach Darmstadt. Dort hatte er eine Anstellung als Solorepetitor am Hessischen Landestheater Darmstadt gefunden.

Nicht nur von Mutter und Vater, auch von Deinen beiden Brüdern getrennt, lebtest Du von nun an in der Fremde ohne Deine Familie.

Von der Altenberger Straße, nahe dem weltberühmten »Blauen Wunder« in der Großstadt Dresden, in den tiefen Odenwald auf Schloss Waldleiningen bei Tante und Onkel. Was für ein Schock, und wie einsam und alleingelassen das kleine Mädel sich gefühlt haben musste.

Dieses gewaltige Schloss des Fürstenhauses Leiningen, im Stil englischer Schlösser erbaut, muss gewiss einen nachhaltigen, vielleicht auch unheimlichen Eindruck bei Dir, dem kleinen Sachsenmädel aus der Großstadt Dresden, hinterlassen haben. Ich habe Deine Geschichte bis hierher aus dem Kopf zusammentragen können. Es liegt wohl daran, dass Du sie mir immer und immer wieder erzähltest.

Als kleine Schlossprinzessin lebtest Du drei Jahre bei Tante Dorle, der Schwester Deiner Mutter, und ihrem Mann Onkel Günther. Er, ein Mustervorbild eines autokratischen, selbstbewussten und sehr eitlen Chefarztes der im Schloss befindlichen Privatklinik für reiche Prominente, und Tante Dorle, seine Ehefrau und Schlossherrin, die von da an Deine Erziehung übernahmen. Und sie waren sehr streng, wie Du oft erzähltest. Onkel Günther wollte nicht, dass Du mit sächsischem Tonfall sprichst, und Tante Dorle überließ die Erziehung dem Kindermädchen oder der Oberschwester der Klinik.

Jeden Tag, auch im Winter bei Dunkelheit, Schnee und Kälte, führte Dich Dein Schulweg über die Schlosswiese durch den Wald in das drei Kilometer entfernte Dorf Ernsttal zur einklassigen Volksschule. Hier wurden von einer Lehrkraft, Frau Wagner, die Klassen eins bis acht in einem einzigen, gemeinsamen Schulraum unterrichtet. Als Du, liebe

Christine, mir das erzähltest, konnte ich nachfühlen, warum Dir das Märchen »Hänsel und Gretel« und die Oper von Humperdinck noch heute so gut gefallen. Auch Du warst einstmals eine von den Eltern verlassene kleine Gretel im Märchenwald.

Dein Vater hatte schon ein Jahr vorher Dresden, seine Familie und seine Heimat verlassen und kam auf einigen Umwegen über ein Flüchtlingsauffanglager in den Goldenen Westen nach Darmstadt.

Er besuchte Dich diese drei Jahre von Zeit zu Zeit im Schloss. Dort war er engagiert für kleine Konzerte, die für die hochherrschaftliche Sanatoriumsgesellschaft gegeben wurden.

Über drei Jahre saßen praktisch Deine Mutter mit Deinen beiden Brüdern auf gepackten Koffern, bis sie endlich 1957 mit einer offiziellen Ausreisegenehmigung dem Arbeiter-und-Bauern-Staat den Rücken kehren und in die Bundesrepublik Deutschland auswandern konnten. Damit waren auch Deine dreijährige Quarantäne im Schloss zu Ende und die Familie in Darmstadt endlich wieder zusammen. Zunächst zu fünft in einer Einzimmerwohnung in der Darmstädter Schulstraße. Was für eine Zeit, was für eine Leistung für Euch alle. Aber wie muss das auf Dich gewirkt haben?

Im zarten Alter von 10 Jahren, 1957, kamst Du nach Darmstadt, in die Stadt, in der Du bis heute 65 Jahre lang lebst.

Fortan besuchtest Du die 4. Klasse der Mornewegschule mit Lehrer Möbus. An Ostern 1959 erfolgte dann der Wechsel in die Sexta der Ursulinenschule, der heutigen Edith-Stein-Schule. Einem katholischen Mädchengymnasium mit einer Nonne namens Mutter Maria Mercedes Rittner als Schulleiterin. Deine Klassenlehrerin war Mutter Maria Aloysia Schirdnau. Du hast die Sexta mit guten Noten abgeschlossen mit einer Bemerkung im Zeugnis »Versetzt nach Klasse 6, der Quinta«. Warum Du von diesem Gymnasium wieder in die Realschule wechseltest, das weiß ich leider nicht.

Im März 1964 hattest Du Deinen äußerst guten und erfolgreichen Abschluss der Realschule in der Tasche. Dein Ehrgeiz hatte Dich gepackt, unbedingt weiterzumachen und das Abitur zu erlangen.

Die Aufnahmeprüfung in das Wirtschaftsgymnasium der Heinrich-Emanuel-Merck-Schule hattest Du im Januar 1964 bestanden und dem Start am 7. April 1964 stand eigentlich nichts mehr im Wege.

Doch es kam ganz anders, wie so oft im Leben. Unsere Tochter hat sich angekündigt und Deinen Plänen einen Strich durch die Rechnung gemacht. Und von nun an haben wir gemeinsam geplant. Es war uns klar geworden, dass wir für immer zusammenbleiben. Als drei Jahre später unsere zweite Tochter dazukam, waren wir längst verheiratet und als junge Familie sehr glücklich vereint bis zum heutigen Tag.

Dass uns das gelungen ist, wollen wir heute auch feiern und dabei sollst Du, meine liebste Christine, gebührend geehrt werden. Ich bin Dir unendlich dankbar und liebe Dich sehr. Bei Euch allen möchte ich mich bedanken, dass Ihr heute Christine feiert.

Der einsame, geheimnisvolle Philosoph Sören Kierkegaard stellt sein leidenschaftliches Denken auf das einzelne, einmalige Dasein. Damit ist er zum Begründer der Existenzphilosophie geworden. Alles in seinem Werk kreist um die Aufgabe, das Selbst, das ein jeder von uns ist, auch wirklich zu leben. Er regt uns an, ein Selbstbild von sich zu bekommen, um zur Freiheit zu gelangen, sich selber sein zu können.

Vor allem wünsche ich uns allen das Wunder des Augenblicks: Möge die Pandemie bald vorbei sein und wir auch erlöst werden von dem Bösen, wie es im Vaterunser heißt.

Ich liebe Dich von ganzem Herzen!
Dein Dieter

Mit diesen beiden Reden erhalten alle Leserinnen und Leser einen guten Einblick in die Biografie von Christine und unserem gemeinsamen Leben über sechzig Jahre.

Familienbild von Christines Geburtstagsfeier

Aus Christines Tagebuch

Christine berichtet in ihrem Tagebuch einige Wochen später, am 27. Mai 2022, von ihrer Geburtstagsfeier: *Die letzten Tage waren so eindrucksvoll, dass mein 75. Geburtstag auf Schloss Kranichstein schon in weite Ferne gerückt ist. Ich hatte die ganze Familie eingeladen: Manfred und Petra, Dieter und ich, wir waren die Ältesten. Dann kamen von allen Geschwistern die Kinder und Enkel, Nichten und Neffen, auch mit Freundinnen. Es war ein wunderschönes Fest mit herrlichem Wetter, einem Empfang im Park, ein Buffet nur für uns, der herrliche Blaue Salon und viel Zeit für Gespräche, genau wie ich es mir vorgestellt hatte. Ich hatte eine kleine Rede vorbereitet. Auch Dieter hat mich in seiner Rede sehr gewürdigt. Ein wunderschönes Fest, ich glaube, es hat allen sehr gefallen, auch wenn wohl niemand heutzutage noch ein solches Fest ausrichten würde.*

Ich fand es ganz besonders schön, denn es ist eine Erinnerung, die ich immer behalten werde. Ob ich alle diese Personen noch einmal wiedersehe, ist ja auch fraglich. Gerade die Jüngeren haben natürlich kein großes Interesse an dieser Art Veranstaltung, trotzdem sind alle Eingeladenen gekommen. Besonders Michael und Silke, die jetzt in Calw leben, waren mit der ganzen Familie da.

Christine schreibt auf den letzten Seiten ihres Tagebuchs von einigen Veranstaltungen, die wir beide in diesem Sommer 2022 besucht haben. Niemand von uns beiden hätte *jemals daran gedacht, dass es die letzten Eintragungen in ihrem Leben sein würden.*

Unheilbare Menschen, die am Lebensabend vor einem unausweichlichen Schicksal stehen, werden oft gefragt, was sie am meisten bedauern oder bereuen in ihrem zu Ende gehenden Leben. Nach wissenschaftlichen Studien lautet die häufigste Antwort, dass es die Dinge sind, die sie immer tun wollten, aber nie dazu kamen. Das war bei Christine überhaupt nicht der Fall. Wir haben in dem Jahr 2022 noch so viele wunderbare Theateraufführungen und Konzerte besucht und tolle Reisen unternommen. Nach der schlimmen Diagnose im Oktober 2022 meinte Christine: *»Ich hatte 75 Jahre lang ein so schönes Leben und wenn es jetzt zu Ende geht, dann soll es so sein.«*

Frei nach Friedrich Nietzsche schreibt sie, dass ein lebenswertes Leben das ist, bei dem man sich wünscht, mit der »ewigen Wiederkunft« noch einmal genauso zu leben. Bei allem Hadern mit dem Schicksal ist es eine Gnade gewesen, dass Christine erst so spät von ihrer lebensbedrohlichen Krankheit erfahren hat. In diesem Sinne war es gut, dass das Tumorgeschehen so lange unerkannt geblieben ist. Christine war zeitlebens ein hoffnungsfroher, positiver, sehr fröhlicher Mensch, der zuversichtlich an das Gute im Leben glaubte. Wir können nicht einmal erahnen, was das Schicksal mit uns vorhat, aber wir müssen alles verkraften und verarbeiten. Da wir jedoch keine Kontrolle über den Lauf des Lebens haben, kommt es immer wieder vor, dass uns ein Strich durch unsere Pläne gemacht wird.

Unsere Erlebnisse
im Jahr 2022

H ier möchte ich erzählen, was wir in dem Jahr 2022 noch gemeinsam erleben durften. Eigentlich begann es schon mit der Feier unseres 55. Hochzeittages Ende November 2021 in unserem Lieblingshotel am Titisee. Wir wurden von einer herrlichen Winterlandschaft mit hohem Schneefall begrüßt und wie immer ganz ausgezeichnet bewirtet.

Den Heiligabend haben wir in diesem Jahr mit der ganzen Familie bei uns gefeiert. Auch an Silvester waren wir bei uns zu Hause zusammen mit unseren engsten und längsten Freunden. Es war ein wunderbarer, unterhaltsamer Abend mit anregenden Unterhaltungen.

Unsere geplante Reise nach Portugal vom 5. bis zum 19. März 2022 mussten wir stornieren. Die Zahlen der vierten Welle der Corona-Epidemie mit Omikron gehen durch die Decke, am 24. Januar 2022 lag die Sieben-Tage-Inzidenz in Darmstadt bei über 1 400 Infizierten. Eine weitere Unsicherheit ist ein eventueller Krieg in Europa. Putin rasselt mit dem Säbel und lässt eine Militär-Armada an der Grenze zur Ukraine aufstellen. Was ist bloß los auf der Welt? Auch diese Sätze stehen in Christines Tagebuch.

Wir waren am 4. und 5. Juni 2022 bei den Burgfestspielen in Bad Vilbel, vom 10. bis 14. Juli 2022 mit Steffi am Titisee, am 16. Juli 2022 bei dem Merck Freiluftkonzert in Kranichstein. Vom 12. bis 14. August 2022 besuchten wir die Bregenzer Festspiele am Bodensee. Am 26. August 2022 erlebten wir ein wunderbares Konzert im Kurhaus Wiesbaden und vom 31. August bis zum 11. September 2022 ließen wir uns an der Nordsee in Sankt Peter Ording die frische Seeluft um den Kopf blasen. Der Reihe nach berichte ich auch von Aufzeichnungen aus Christines Tagebuch.

Christine schreibt: *Zu meinem Geburtstag haben uns Annette und Steffi Karten für die Burgfestspiele in Bad Vilbel geschenkt. Wir reisten mit den beiden zusammen am Samstagabend an und übernachteten in einem sehr guten neuen Hotel. Es war ein wunderschönes Wochenende. Am Abend zuvor haben wir in einem feinen italienischen Restaurant zu Abend gegessen. Am Sonntagmorgen besuchten wir die Aufführung »Orpheus in der Unterwelt« mit Michael Quast, ein Ein-Mann-Stück mit Klavierbegleitung. Quast hat das großartig gespielt in der fast ausverkauften Burgruine, ein sehr gelungenes Event, das uns allen sehr gefallen hat.*

Das Geschenk von Annabelle und Daniel und Sebastian mit Familie, eine Einladung zu einem Grillfest, wurde am 17. Juli 2022 zu einem Brunch umgewandelt, da es vom Wetter her zum Grillen etwas zu heiß war. Die jungen Leute sind sehr aufgeschlossen und wir hatten gute Gespräche.

Am Abend zuvor war das Freiluftkonzert von Merck in Kranichstein, wofür uns Annette Karten geschenkt hatte. Bedingt durch die schlechte Parkplatzsituation, auch wurden keine Zubringerbusse von Merck mehr eingesetzt, war der Vorschlag von Dieter, mit dem Fahrrad zu fahren, das war für mich keine Option. So haben wir am Morgen unser Auto auf den Parkplatz des Bioversums gestellt, sind dann zum Oberwaldhaus gelaufen und mit dem Bus in die Stadt gefahren und heimgelaufen. Am Abend sind wir mit dem Taxi zum Jagdschloss hingefahren. Das Konzert fanden wir mit den einzelnen Stücken, die fast alle unbekannt waren, nicht so toll. Aber die Atmosphäre war sehr schön.

Zur Aufarbeitung der Untersuchungsergebnisse unseres Gesundheits-Checks auf der Bühler Höhe in der Max-Grundig-Klinik war ich bei unserer Hausärztin. Das Gespräch war etwas ernüchternd. Sie fragte gleich zu Beginn, warum wir dort gewesen seien. Man würde ein Auto, das läuft, doch auch nicht zur Inspektion bringen. Eine Gürtelrose-Impfung hat sie uns für Dieter und mich unbedingt empfohlen. Jetzt sind wir das zweite Mal geboostert gegen Corona, das heißt, wir haben jetzt schon die vierte Impfung in kurzen Zeitabschnitten und wissen noch nicht, ob wir eine weitere Impfung machen lassen.

Leider hat Annette, als sie aus ihrem Urlaub in Frankreich zurückkam, sofort Corona bekommen, Vini hatte sich wohl auch infiziert. Es geht ihnen allen gar nicht gut, vielleicht wird es ja bald besser. Thorsten hat sich wohl auch angesteckt, aber er hat es schneller und vielleicht auch leichter überstanden.

Nun haben wir zu allem Unglück auch noch weder Internet noch Festnetztelefon. Als wir vor ein paar Tagen aus dem Urlaub am Titisee zurückkamen (da war es wieder wunderschön, Steffi begleitete uns, um beide Geburtstage von ihr und Dieter zu feiern), hatte unsere Telefongesellschaft etwas umgestellt und nichts ging mehr. Dieter ist schon sehr nervös, da er nicht am Computer arbeiten kann.

Ständig steigende Corona-Infektionszahlen, die drohende Energiekrise durch den Ukraine-Krieg, eine bereits eingetretene Inflation mit stark gestiegenen Lebensmittel-

und Energiekosten – all das zermürbt uns zunehmend, trotz der schönen Dinge, die wir noch tun können. Immer steht das bedrohliche Gespenst im Raum. Wie wird wohl der Winter werden?

Christines Tagebucheintrag vom 15. August 2022:

Das letzte Wochenende waren wir zu einer Musikreise bei einer Aufführung der »Butterfly« auf der Seebühne in Bregenz. Gewohnt haben wir in Lindau im Hotel »Bayerischer Hof« direkt am Hafen. Das war schon ein Spektakel, die großen Bodenseeschiffe jeden Tag zu beobachten. Wir sind am Freitag angereist, nach fünf Stunden Fahrzeit und einem Riesenstau auf der Autobahn. Die Fahrerei im Auto strengt uns beide sehr an. Es war ein heißer Tag und mir ging es gar nicht gut. Ich hatte oder habe schon seit geraumer Zeit einen ziemlichen Schwindel und nun wurde mir zusätzlich auch noch schlecht. Ich bin müde, kann nichts essen, also alles nicht so toll. Mit Super-Pep-Kaugummi habe ich gut durchgehalten. Ich war letzte Woche bei unserem Heilpraktiker und der fand meinen Untersuchungsbericht von der Max-Grundig-Klinik als ziemlich »normal«.

Nun wollen wir erst einmal am 1. September 2022 nach St. Peter-Ording fahren und die gute Nordseeluft genießen. Danach will ich doch einen Termin in der Kardiologie im Katharinen-Krankenhaus in Frankfurt wegen meines Herzens machen.

Nun habe ich vor lauter Unbill mit mir selbst gar nichts über die Aufführung auf der Seebühne geschrieben. Wir waren beide sehr beeindruckt. Es war toll. Allein schon die herrliche Schiffsfahrt, 45 Minuten über den Bodensee nach Bregenz bei herrlichem Wetter. Das Schiff hielt direkt an der Seebühne. Es waren etwa 7 000 Besucher, man saß unter freiem Himmel, dicht an dicht, aber es war auszuhalten, vor allem regnete es nicht. Die Oper »Butterfly« wurde ohne Pause gespielt, gut zwei Stunden, mit einer hervorragenden Akustik, man hätte glauben können, man sitzt in einem Opernhaus. Ein betörender Sonnenuntergang über dem See, es war eine tolle Kulisse. Das Bühnenbild, ein überdimensioniertes Blatt mit Malereien von chinesischen Bergen und Wäldern. Verschiedene Licht- und Computereinblendungen machten alles sehr interessant. Es war einfach toll, schön, dass wir das gemacht haben.

Donnerstag, 15. September 2022:

Der Urlaub am Meer ja, wie war das? Das Wetter war gut, aber von der Landschaft waren wir beide nicht begeistert. Vom Hotel aus ging es über kilometerlange Dünengraswege, danach noch ewig über Sandstrand mit Pfahlbauten-Restaurants und Strandkörben. Manche Strände konnte man auch direkt mit dem Auto oder Bus anfahren. Der Bus hatte extra eine planierte, asphaltierte Bahn. Natürlich sind wir mit unserem Auto auf einer Sandpiste prompt gleich stecken geblieben. Das war ein Schrecken. Wie kommen wir da bloß wieder heraus? Mir war das etwas zu viel Sand und zu wenig Strand mit Meer. Die Anreise war durch viele Staus schon beschwerlich, in Celle im Fürstenhof haben wir einen Zwischenhalt gemacht und am nächsten Tag ging es weiter.

Da ich nach wie vor unter Schwindel und Übelkeit leide, war der Urlaub auch kein wirklicher Urlaub. Nun war ich hier zu Hause gleich bei einer HNO-Ärztin, die mich umfassend untersuchte und meinte, mit ein paar Übungen sollte das nach zwei Wochen wieder weg sein. Ich habe schon von ganz vielen Leuten gehört, die diese Störungen

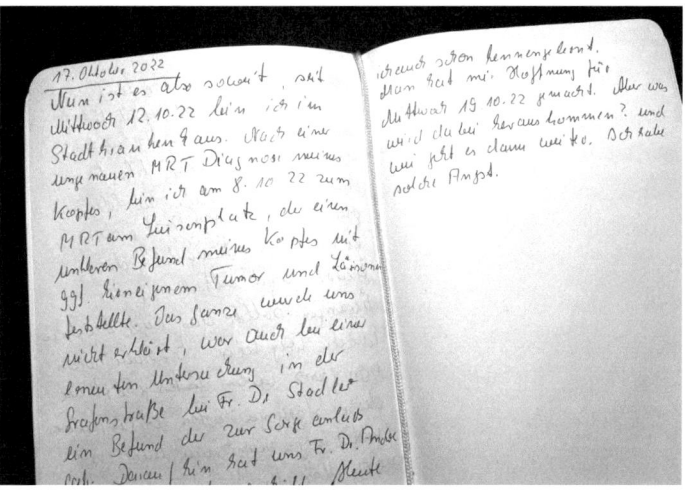

Christines letzter Tagebucheintrag am 17. Oktober 2022

hatten, dass es immer wieder wegginge, manchmal auch erst nach Monaten. Auch war ich bei einer Osteopathin in Seeheim, sehr sympathisch und kompetent, da war ich sicher nicht das letzte Mal.

Am 17. Oktober 2022 erfolgte Christines letzter Eintrag in ihr Tagebuch: *Nun ist es also so weit, seit Mittwoch, 12. Oktober 2022, bin ich im Stadtkrankenhaus. Nach einer ungenauen MRT-Diagnose meines Kopfes am 8. Oktober 2022 bei der Radiologie am Luisenplatz, das einen unklaren Befund meines Kopfes mit möglicherweise hirneigenem Tumor und Läsionen feststellte. Das Ganze wurde uns nicht erklärt. Dann war ich bei einer erneuten MRT-Untersuchung im MVZ in der Grafenstraße bei einer Neuroradiologin mit einem Befund, der zur Sorge Anlass gab. Daraufhin hat uns unsere Hausärztin gleich in die Kliniken geschickt. Heute nun warte ich immer noch auf eine Biopsie des »Lymphoms«. Ich bin sehr unglück-*

lich und aufgeregt. Der Chefarzt will es selbst machen, ich habe ihn auch schon kennengelernt. Er machte mir Hoffnung für Mittwoch, den 19. Oktober 2022. Aber was wird dabei herauskommen? Und wie geht es dann weiter? Ich habe solche große Angst!!!

Beginn unserer ewigen Liebe vor 62 Jahren

Unsere gemeinsame Geschichte begann vor 62 Jahren. Christine war vierzehn Jahre und ich war sechzehn Jahre alt. Unsere Jugendliebe war ein unbeschreibliches Glück, und diese erste große Liebe für uns beide hielt an, bis der Tod uns getrennt hat. Wir waren unser ganzes Leben vereint. Unsere Eltern waren mit unserer Beziehung überhaupt nicht einverstanden. Ich durfte mit Christine nicht in ihre Wohnung, und meine Mutter hatte mir streng untersagt, »das Mädchen« mit auf mein Zimmer zu nehmen. Wir mussten unsere Liebe füreinander geheim halten, doch das hat uns nie daran gehindert, Zeit miteinander zu verbringen. Wir waren ein junges Liebespaar und hatten uns ewige Liebe versprochen.

Christines Eltern waren beide am Theater tätig und hatten oft abends Dienst. Ihr vier Jahre älterer Bruder Rudolf war ebenfalls oft nicht zu Hause, wodurch wir Gelegenheit hatten, ungestört zu sein. Bei mir zu Hause waren meine Eltern eher seltener abwesend. Einmal saßen wir abends auf unserem Balkon, als meine Eltern nicht da waren, doch prompt beobachtete uns eine Nachbarin und berichtete es am nächsten Tag meiner Mutter. Trotzdem fanden wir auch in der Natur wundervolle Plätze für uns. Wir unternahmen Radtouren zum Birkenwasser, zur Grube Prinz von Hessen oder in die Nähe auf die Kraftsruhe, einem Naturschutzgebiet unweit unserer Wohnungen.

Wie die meisten Mädchen und Jungen in diesem Alter besuchten wir auch die Tanzschule Bäulke. Das war eine neue Erfahrung, abends im Dunkeln zusammen nach Hause zu gehen. Beim Abschlussball konnten Christines Eltern nicht dabei sein, wegen ihres Abenddienstes am Theater. Meine Eltern hingegen freuten sich darauf, da sie selbst bereits Tanzkurse bei Bäulke besucht hatten. Auf dem Nachhauseweg nahmen sie uns im Auto mit, aber das war uns gar nicht so recht, weil wir uns zum Abschied nicht küssen konnten. Das hätten wir uns nicht getraut vor ihnen.

Christine wurde am 26. April 1964 17 Jahre alt. Am 11. Juli 1964 wurde unsere Tochter Stefanie geboren, am gleichen Tag wie mein 19. Geburtstag. Drei Jahre später, am 17. Oktober 1967, kam unsere zweite Tochter Annette auf die Welt. Wir sind sehr früh Eltern geworden und haben diese Verantwortung ganz bewusst angenommen. Wir haben mit unseren beiden Töchtern unsere Jugend verbracht, hatten aber nie das Gefühl, etwas verpasst zu haben. Am 1. Advent 1966 haben wir geheiratet, kirchlich in der Pauluskirche bei Pfarrer Britz, der auch Christine konfirmiert hatte, und freitags zuvor standesamtlich. Unheimlich glücklich waren wir beim Einzug in unsere erste gemeinsame Wohnung in der Seekatzstraße. Die kleine Familie war komplett und rundum sehr zufrieden. Beide übten wir unsere Berufe aus, Christine war Arzthelferin bei dem HNO-Arzt Georg Heuer, und ich hatte eine Anstellung als Einzelhandelskaufmann im Kaufhaus M. Schneider in Frankfurt am Main.

Beim Schreiben kommt mir der Gedanke, wie wohl unsere Töchter es empfunden haben, dass sie so junge Eltern haben. War das für sie eher positiv oder manchmal auch negativ? Christine kam oft von Elternversammlungen nach Hause und sprach von den »älteren Eltern«. Sie fühlte sich damals unsicher und wusste nicht, wie sie damit umgehen sollte. Einmal wurde sie gefragt, ob sie die Schwester sei und in Vertretung der Eltern teilnimmt.

Ich habe die Frage an meine Töchter weitergegeben und erhalte von Steffi eine sehr berührende schriftliche Antwort, für die ich sehr dankbar bin:

»Für mich war Euer Alter eigentlich immer etwas, was ich gerne erzählt habe, da es mich besonders machte. Ich stach damit von allen anderen hervor und wurde gefragt, warum, und konnte immer eine Geschichte erzählen. Insbesondere natürlich auch die Geschichte, dass ihr mich in den ersten beiden Jahren »abgeben« musstet und wir nicht zusammenleben durften. Das wurde immer ungläubig als interessante Geschichte wahrgenommen. Und so hatte ich immer den Eindruck, ich wäre etwas Besonderes. Die anderen Kinder fanden das immer toll, dass ihr so jung wart. Sie verbanden damit automatisch so etwas wie, ihr seid toleranter.
Und für mich ist es auch heute immer noch eine besondere Geschichte. Wenn wir im Kollegenkreis von unseren Eltern erzählen, dann ist »meine« Geschichte immer etwas, mit der ich Aufmerksamkeit generiere und ungläubig angeschaut werde.
Erst sehr viel später habe ich verstanden, wie schwierig das für euch war. Und je älter ich wurde, umso mehr erzählte ich die Geschichte mit dem Ausdruck der besonderen Bewunderung und Respekt für euch.«

Unsere große Liebe zueinander war auch mit dem Tag, an dem Christine verstorben ist, am 8. Januar 2023, nicht beendet. Meine Liebe zu ihr ist unvergänglich, auch wenn sie nicht mehr physisch bei mir ist, spüre ich ihre Liebe mehr denn je. Sie sagte zu mir: »Dieter, ich möchte dir nicht zur Last fallen.« Sie ist mir niemals zur Last gefallen, und was sie jetzt für mich tut, ist genau das Gegenteil davon, sie ist mein Schutzengel im Leben und Sterben. Darin kann ich auch im Weiterleben vielleicht meinen Frieden finden. Wie so vieles in unserem gemeinsamen Zusammenleben ist es das Letzte gewesen, was sie mir beigebracht hat. Christine war bereit zu sterben. Ich weiß, sie immer bei mir zu haben, bis auch ich meinen letzten Atemzug mache und das Bewusstsein verliere.

Abends vor dem Einschlafen, nachts, wenn ich wach werde und nicht mehr schlafen kann, weil die Gedanken unaufhörlich kreisen, und am Morgen habe ich immer wieder zu meinem Gott gebetet: »Vater im Himmel, lasse bitte für Christine ein Wunder geschehen, dass sie gegen alle Diagnosen und wider allen Prophezeiungen der Medizin gesundet, und wenn das wirklich nicht funktioniert, bitte ich dich für Christine um einen gnädigen Tod.«

Das Ende vor Augen

Es war uns vergönnt, einige – wenn auch nur sehr kurze Zeit vor Christines Tod – gemeinsame sehr glückliche Tage zu verbringen. Mutter Teresa sagte, ein Leben sei eine Leistung; das Sterben setzt dieser Leistung ein Ende. Christine war mit sich im Frieden, sie hat ihr Schicksal mit einer bewundernswerten Gelassenheit angenommen. Sie sagte: »Dieter, wir hatten zusammen ein wunderschönes Leben, wie wir es uns nicht schöner hätten vorstellen können.« Sie stimmte mit den Stoikern überein: Sobald wir geboren werden, fangen wir an zu sterben. Und das von Epikur bekannte Zitat lautet: »Wo ich bin, ist der Tod nicht, und wo der Tod ist, bin ich nicht. Warum also den Tod fürchten?« Christine war der festen Überzeugung, dass wir mit der Geburt in das Wunder des Lebens eintauchen und im Laufe unseres Lebens ein Bewusstsein entwickeln, das mit dem Tod endet. »Vor der Geburt ist nichts und nach dem Tod ist auch nichts«, sagte sie manchmal. Über solche philosophischen Fragen haben wir uns sehr oft ausgetauscht und sind zu der Erkenntnis gelangt, dass nach dem derzeitigen Stand der Wissenschaft vieles darauf hindeutet, dass das Bewusstsein mit dem Tod endet. Das Gehirn ist der Sitz des Bewusstseins, und wenn das Gehirn aufhört zu funktionieren, verlieren wir auch das Bewusstsein. Was bleibt, sind die Erinnerungen der Hinterbliebenen an die Verstorbenen im Bewusstsein der Lebenden.

Friedrich Nietzsche, der einige Sommer im wunderschönen Bergpanorama der Schweizer Alpen von Sils Maria verbrachte, schrieb einmal beim Beobachten der Kühe auf einer Weide, dass ein wesentlicher Unterschied zwischen Mensch und Kuh darin bestünde, dass eine Kuh ohne Angst in dem gesegneten Jetzt existiert, unbelastet von der Vergangenheit, und sich dem Schrecken der Zukunft nicht bewusst ist.

Christine war zeitlebens kein ängstlicher Mensch. In all unseren gemeinsamen Jahren habe ich sie nur selten ängstlich erlebt. Und wenn es doch einmal so war, versuchte sie es vor mir zu verbergen, um mich zu schützen, weil sie wusste, wie ängstlich ich selbst war.

Es war weniger die bevorstehende Biopsie, die ihre Angst auslöste, sondern vielmehr die befürchteten Ergebnisse. Der Hirnforscher Gerald Hüther schreibt: »(…) und wenn kein Ausweg aus einer Situation gefunden wird, übernehmen die archaischen Notfallprogramme im Hirnstamm das Kommando. Dann bleiben nur noch drei Verhaltensoptionen: Angriff, wenn das nicht geht, Flucht, und wenn beides nicht geht, ohnmächtige Erstarrung.« Hüther schreibt weiter: »Alle Menschen haben Angst davor, dass etwas passieren könnte, das ihr Leben bedroht. (…) Nichts macht ihnen mehr Angst als die Vorstellung, dass all ihre Bemühungen vergeblich sein könnten, (…) die Vorstellung, keine geeigneten Mittel zu haben, um eine Gefahr abzuwehren.«

Während Christine die Feier ihres 75. Geburtstags mit der ganzen Familie plante, schrieb sie am 30. März 2022 in ihr Tagebuch: *Meine eine Cousine hat Alzheimer und erkennt ihre eigenen Kinder und Enkelkinder nicht mehr. Die andere Cousine ist seit Anfang des Jahres auch schwer erkrankt, das heißt, beide können nicht zu meiner Feier kommen. Es ist schrecklich, von all diesen Krankheiten und dem damit verbundenen Leiden zu hören. Natürlich bekomme ich Angst, dass mir so etwas auch einmal zustoßen könnte. War das vielleicht eine unbewusste Vorahnung?*

Christine sorgte sich zeitlebens sehr um unsere Familie – um unsere Töchter, Schwiegersöhne und natürlich unsere drei Enkelkinder. Sie war der Inbegriff von Einheit und Zusammenhalt. Auch um mich machte sie sich viele Sorgen. In ihrem Tagebucheintrag heißt es: *Immer mehr Sorgen macht mir auch Dieter. Seine Bauchprobleme wollen einfach nicht verschwinden. Die letzten Untersuchungen haben keine Hinweise auf Laktose- oder Histaminunverträglichkeiten oder andere pathologische Befunde ergeben. Er kann essen, was er will, und hat trotzdem immer Bauchweh! Da ist es verständlich, dass er so mutlos wird. Wir wissen bald nicht mehr, was wir noch tun können. Aber vielleicht gibt es doch eine Lösung. Wir planen, für ein paar Tage in die Max Grundig Klinik auf der Bühler Höhe zu einem umfassenden Check-up zu gehen. Vielleicht kommen wir der Ursache endlich auf die Spur. Mal sehen, wann es klappt.*

Und es hat geklappt – vom 24. bis 26. Mai 2022 waren wir in dieser wunderbaren Klinik im Schwarzwald.

Max Grundig Klinik

Christine schreibt weiter in ihrem Tagebuch: *Es war einfach großartig. Ein tolles Haus, alles gleicht einem hochwertigen Hotel. Wir hatten jeder ein wunderschönes Einzelzimmer. Nach dem Aufnahmegespräch am Montag, dem 23. Mai 2022, bei Dr. G. gingen gleich die ersten Untersuchungen los. Es spielte sich alles direkt begehbar vom Hotel durch einen langen Gang in einer hochmodernen Untersuchungsabteilung ab. An der Rezeption wurden wir von Anfang an mit unseren Namen angesprochen, dort wusste schon jeder, wer wir waren, und es begann sofort mit den ersten Untersuchungen: Blutabnahme, EKG, Karotis-Messung, Farbdoppler-Echokardiographie, Mammographie und Lungen-CT. Für den ersten Tag ein volles Programm; alles ging Hand in Hand mit den modernen Maschinen in totaler Ruhe und ausgesprochener Höflichkeit. Dieter hatte am darauffolgenden Tag eine Magen- und Darmspiegelung, und da war die Vorbereitung am Nachmittag mit »Trinken« ausgefüllt. Zuvor ging es zur Sonographie des gesamten Bauchraumes mit allen Organen und der Schilddrüse, Belastungs-EKG im Sitzen und Liegen, Messung des Venendurchflusses an Beinen und Blutdurchfluss an den Oberarmen. Beim Abschlussgespräch mit Dr. G. kam bei mir hauptsächlich ein Befund zum Tragen. Die Tätigkeit meiner Herzklappe, der Mitralklappe, ist nicht befriedigend, und ich soll mich, wenn wir wieder zu Hause sind, in eine Universitäts-Kardiologie, am besten in Heidelberg oder Frank-*

furt, begeben. Unter Umständen muss die Herzklappe mit einem Segel wieder verschlossen werden, dass nicht so viel Blut zurückfließt. Daher käme auch meine schnelle Mattigkeit und Kurzatmigkeit. Nun fehlt noch der Befund der Mammographie und des Lungen-CTs. Ich fühle mich schon ein bisschen platt. Es waren viele Eindrücke, viele Untersuchungen, aber mit vielen positiven Erfahrungen. Diese umfassende Diagnostik in solchen kurzen Zeitabschnitten, die kurzen Wege, das schöne Zimmer, ein wunderbares Essen, obwohl mir das gar nicht wichtig war, ist schon eine faszinierende Organisation, die sich lohnte, entdeckt zu haben. Auch die Alleinlage dieser Klinik auf den Schwarzwaldhöhen ist wunderschön.

Ich bin sehr froh, dass wir beide das gemacht haben! Vor allem Dieters Darm- und Magenuntersuchung hat auf keine schlimme Krankheit hingewiesen. Aber auch er hat einen Herzklappenfehler; eine Klappe schließt auch bei ihm nicht richtig. Da muss allerdings noch nicht gleich reagiert werden, aber auch für ihn ist ein guter Kardiologe wichtig. Die große Angst, die uns in unserem Alter ja immer umtreibt, ist, habe ich einen Krebstumor, und das ist nach dem heutigen Ergebnis Gott sei Dank nicht der Fall.

[Meine Anmerkung: Christine traf diese Feststellung Ende Mai 2022. Nur fünf Monate später erhält sie die schlimme Diagnose!]

Wir schreiben ein Buch

Christine und ich hatten besprochen, dieses Buch gemeinsam zu schreiben. Im ersten Teil wollten wir ihre außergewöhnliche Lebensgeschichte, die Familienchronik und ihre persönliche Autobiografie festhalten. In ihrem Tagebuch erzählt sie von dem großen Ereignis ihrer 75. Geburtstagsfeier mit der ganzen Familie. Sie hatte mir erlaubt, Auszüge aus ihrem Tagebuch in diesem Buch zu veröffentlichen. Der letzte Eintrag schließt am 17. Oktober 2022 mit den Worten: *Ich habe solche große Angst!!* Vielleicht war ihr bereits bewusst, dass ihre Krankheit tödlich enden würde, obwohl zu diesem Zeitpunkt noch keine endgültige Diagnose vorlag.

Unsere letzten gemeinsamen Erlebnisse

Was in den letzten Wochen geschehen ist, berichte ich auch noch parallel aus meinem Tagebuch:

Die Zeit scheint stehen geblieben zu sein, das unbekümmerte Leben ist plötzlich vorbei. Was uns zurzeit noch einigermaßen aufrecht hält, ist die Hoffnung. Doch der Reihe nach. Am Freitag, dem 26. August 2022, hatte Christine wieder stärkeren Schwindel. Sie hatte das schon einige Zeit immer mal mehr und weniger. Doch ihre Art war es, niemals zu klagen. Wir besuchten trotzdem das wunderbare Konzert in Wiesbaden. Tschaikowskis Klavierkonzert Nr. 1 und Prokofjews Sinfonie Nr. 5 – wir haben es beide sehr genossen. Diese Konzerte gehörten zu unseren Lieblingsveranstaltungen, die wir immer wieder besuchten, wenn sie irgendwo im Programm standen. Ein kulturelles Highlight im Rahmen des Rheingau-Musik-Festivals, für das man sehr lange im Voraus Karten kaufen muss. Die weltberühmte Pianistin Gabriela Montero zusammen mit dem Tonhalle-Orchester Zürich unter der Leitung ihres Dirigenten Paavo Järvi. Christine hatte herausgefunden, dass die Pianistin 1970 in Caracas/Venezuela geboren wurde und Järvi 1962 in Tallinn/Estland, das damals noch zur UdSSR gehörte. Solche Konzerteinführungen waren Christines Spezialität, sie beschäftigte sich wochenlang vorher damit, las im Reclams Konzertführer, den sie mir zu meinem 18. Geburtstag am 11. Juli 1963 geschenkt hatte, und berichtete mir darüber. Als Zugabe ließ sich Montero eine Melodie aus dem Zuschauerkreis ansingen, die sie sofort kompositorisch, variantenreich auf dem Klavier bearbeitete und dabei mitsummte. Nach der Pause kam die Sinfonie Nr. 5 B-Dur von Sergej Prokofjew zur Aufführung. Ein Krawallstück, wie ich es empfand, ohrenbetäubend mit gewaltiger Lautstärke dargeboten. Es gab wenige Melodien, die ins Ohr gingen. Vielleicht hätte es gut in die derzeitige ukrainisch-russische Kriegs-situation gepasst und dem Aggressor Wladimir Putin gefallen. Die musikalischen Höhepunkte glichen Bomben-einschlägen. Gerade nach dem großartigen Klavierkon-zert machte mich ein solches lautes Spektakel eher traurig und nachdenklich. Prokofjew komponierte die Sinfonie im Eindruck des Zweiten Weltkrieges 1944 und führte sie 1945 in Moskau auf. Trotzdem war es ein wunderbares Konzerterlebnis, das Christine so gut ablenkte, dass sie auf der Heimfahrt sagte, sie sei sehr zufrieden, dass wir das gemacht haben, und schwindelig sei es ihr jetzt kaum mehr. Früher sind wir nach einem Konzert immer noch in das Restaurant Käfer's im Kurhaus eingekehrt, dieses Mal wollten wir doch lieber gleich nach Hause fahren.

Wenige Tage danach, am Mittwoch, dem 31. August 2022, haben wir unseren schon lange geplanten Urlaub an der Nordsee angetreten. Wir haben beraten, ob wir das wirklich tun sollten. Doch Christine meinte, dass die gute, frische Nordseeluft ihr sicher gut bekäme und ihr Kopf wieder »frei« werden würde. Auf der Fahrt nach St. Peter-Ording haben wir einen Zwischenstopp zum Übernach-ten im Hotel Fürstenhof in Celle eingelegt. Am nächsten Morgen ging es weiter auf ziemlich verstopften Autobah-

nen und durch den gefürchteten Elbtunnel in Hamburg
auf der Fahrt nach Norden. Für die 280 Kilometer von
Celle nach St. Peter-Ording haben wir über fünf Stunden
gebraucht. Das war sehr anstrengend für uns beide. Doch
am Nachmittag, rechtzeitig zu unserer geliebten Kaffeestunde, kamen wir im Hotel Aalernhüs an. Wir hatten
ein großzügiges Appartement mit einem separaten kleinen Schlafzimmer, in dem Christine ohne Rücksicht auf
mich »schnarchen« konnte, obwohl sie das eigentlich gar
nicht mehr so intensiv tut. Wie zu Hause hatten wir unsere Zimmertüren geöffnet, dass jeder den anderen dennoch
hören konnte.

Das Aalernhüs, auf Hochdeutsch Elternhaus, ist ein Fünf-
Sterne-Hotel mit großem Hallen- und Freibad und einigen
Saunen. Ein modernes Restaurant bietet ein wunderbares
Frühstücksbuffet und ein sehr gutes Abendmenü zur Aus-
wahl. Christines Allgemeinbefinden hat sich etwas ver-
bessert. Gleich am nächsten Morgen haben wir unseren
ersten größeren Ausflug Richtung Norden unternommen,
um endlich einmal das Meer zu sehen und das Meerwasser
an den Füßen zu spüren. Am Samstag waren wir im Ortsteil Ording beim »Strandparken«. Das kostete acht Euro,
man kann mit dem eigenen Auto direkt an den Strand
fahren, bis man einen geeigneten Parkplatz findet. Leider
bin ich im Vertrauen auf meinen neuen BMW mit Allrad-
antrieb zu weit vorgefahren und steckte prompt im Sand
fest. Das Auto hatte sich so weit eingegraben, dass es weder vor noch zurück ging. Meine Aufregung war extrem,
Christine war, wie immer in solchen Situationen, eher gelassen und begann gleich mit bloßen Händen zu buddeln.
Die Räder haben wir freibekommen, aber scheinbar saß
der Unterboden so fest auf dem Sand, dass sich auch dann

nichts tat. Einige Leute kamen uns zur Hilfe und wollten schieben, andere liefen vorbei mit einem schadenfrohen Lächeln über den doofen BMW-Fahrer. Ich machte mich zu Fuß auf den Weg zur Strandaufsicht, das war so etwa ein Kilometer. Der Mann, der auch die Strandkörbe vermietete, begrüßte mich mit einem fröhlichen »Moin«, war völlig unaufgeregt und sofort sehr hilfsbereit. Das schien ihm wahrscheinlich nicht fremd, andere sind da sicher auch schon im Sand versackt. Er telefonierte mit jemandem und sagte mir, ich solle zum Auto zurückgehen, es käme gleich Hilfe. Schon auf dem Weg zum Auto sah ich einen riesigen Trecker anrollen. Ein sehr freundlicher junger Mann schraubte die beim Bordwerkzeug befindliche Abschleppöse unter die vordere Stoßstange unseres Autos. Dann sollten wir uns in das Auto setzen, den Motor starten, die Bremse lösen und den Ganghebel auf »N« stellen. In Nullkommanix zog uns der Trecker auf festen Grund. Als ich fragte, was ich ihm schuldig sei, sagte er »nix«. Ich gab ihm trotzdem zehn Euro und wir waren wieder einmal um eine Erfahrung reicher. Wir mieteten uns einen Strandkorb und mussten den Schrecken in der wunderbaren Seeluft erst einmal verdauen.

Den Sonntag verbrachten wir am Strand im Ortsteil Böhl, dem südlichen St. Peter-Ording. Wir wanderten stundenlang durch das Wattenmeer, das machte Christine überhaupt nichts aus, es ging uns beiden recht gut. SPO – Sankt Peter-Ording – wird auch die größte Sandkiste Europas genannt. Unsere beliebte Nachmittagsteestunde verbrachten wir wieder auf unserer sonnigen Hotelterrasse. Christine klagt jetzt wieder vermehrt über Schwindel. Trotzdem haben wir am Montag wieder einen schönen Ausflug gemacht. Wir sind mit dem Bus Nr. 3

von der Haltestelle vor dem Hotel zum Bad/Zentrum ge-
fahren und über einen Steg zur Sandbank Richtung Meer
gelaufen. Wir mieteten uns wieder einen Strandkorb und
haben uns gesonnt. In der Nähe befand sich das bekann-
te Strandrestaurant »Gosch«. Ich war sehr erstaunt, als
Christine eine Nordseekrabbensemmel bestellte und
dazu einen alkoholfreien Aperol trank. Das kannte ich
überhaupt nicht an ihr. Zum Wochenende war auch das
wunderschöne Spätsommerwetter vorbei und es begann
fürchterlich anzuschütten. Wir entdeckten das originäre
»Deicheck-Café« in der Dorfstraße. Mit einem wunder-
baren hausgemachten Kuchen und original Friesentee wa-
ren wir eigentlich ganz froh, dass wir bisher so schönes
Wetter hatten. Das Hotel hat sich ziemlich geleert, auch
wir reisten am Sonntag, dem 11. September 2022, wieder
nach Hause.

Wir haben miteinander so unfassbar viel Schönes erlebt,
nicht nur in diesem letzten Jahr, sondern die vielen Jahre
unseres gemeinsamen Lebens, für das ich immer dankbar
sein werde und das mir vielleicht mit diesen Erinnerungen
die Kraft gibt, ohne Christine weiterzuleben.

Christine geht dem Schwindel auf den Grund

Christine und ich haben viel und vor allem sehr offen über ihre Krankheit gesprochen. In diesem Buch möchte ich ihre Krankengeschichte chronologisch dokumentieren. Sie war ein unglaublich mutiger Mensch. Zu diesem Zeitpunkt war sie überzeugt, dass der Schwindel nur eine vorübergehende Erscheinung war, die sie bald wieder in den Griff bekommen würde. Wie sie in ihrem Tagebuch schon selbst geschrieben hat, vereinbarte sie gleich nach unserer Rückkehr von der Nordsee, am Dienstag, dem 13. September 2022, einen Termin bei einer Osteopathin. Sie war von der Behandlung sehr angetan. Sie recherchierte auch im Internet nach ihren Symptomen und fand heraus, dass Schwindel sowohl von einem Hals-Nasen-Ohren-Arzt als auch neurologisch abgeklärt werden müsse.

Wie Christine schon berichtet hatte, unterzog sie sich am Nachmittag des gleichen Tages, dem 13. September 2022, einer eineinhalbstündigen Untersuchung in einer HNO-Praxis. Die abschließende Diagnose lautete auf ›Lagerungsschwindel‹. Mit speziellen Übungen für den Kopf, für die sie eine anschauliche Bildtafel mit nach Hause bekam, sollte der Schwindel spätestens nach zwei Wochen verschwunden sein. Christine übte gewissenhaft, wie es ihre Art war – morgens, mittags und abends, mindestens drei Mal täglich. Sie telefonierte auch mit Freundinnen, die ähnliche Symptome hatten, und sie ermutigten sie, da es bei ihnen ebenfalls Wochen oder sogar Monate gedauert hatte, bis eine Besserung eintrat.

Vielleicht sollte ich erwähnen, dass es Christine zu diesem Zeitpunkt noch so gut ging, dass sie sowohl den Besuch bei der Osteopathin als auch den Termin bei der HNO-Ärztin allein mit ihrem neuen Renault Zoe unternahm. Sie liebte dieses Auto, das sie sich im Februar 2021 gekauft hatte, und schwärmte von der komfortablen Ausstattung dieses wunderbaren vollelektrischen Fahrzeugs. Doch die hoffnungsvollen Prognosen bewahrheiteten sich nicht. Der Schwindel und die damit verbundene Übelkeit verstärkten sich.

Am 27. September 2022 folgte ein Besuch bei unserer Hausärztin, da der Schwindel immer stärker wurde. Ein großes Blutbild, Ruhe- und Belastungs-EKG sowie ein 24-Stunden-EKG und eine Sonographie der Halsschlagadern ergaben keine pathologischen Befunde, die eine Ursache für den Schwindel nahelegten. Sie empfahl als nächsten Schritt eine baldige radiologische Untersuchung des Kopfes. Diese fand am Freitag, dem 30. September 2022, in einer radiologischen Praxis statt. Die Praxis war Christine nicht fremd, da sie dort viele Jahre zur Mammographie war, aufgrund der genetischen Vorbelastung durch die Brustkrebserkrankung ihrer Mutter.

An jenem Freitagnachmittag saßen wir ängstlich im Wartezimmer. Was würde wohl dabei herauskommen? Den Befundbericht erhielten wir nach einem unruhigen Wochenende erst am folgenden Dienstag. Es war ein »MRT des Schädels mit Angiographie« durchgeführt worden, unter der Gabe von Kontrastmittel. Im Befundbericht wurden die einzelnen Sequenzen der Untersuchung im medizinischen Fachjargon beschrieben – damit konnten wir als Laien nichts anfangen. Doch die abschließende Beurteilung war beängstigend genug, obwohl sie nur aus wenigen Fachausdrücken bestand, die uns stark beunruhigten. Ein Auszug: »Unklare Läsionen frontal, periinsulär rechts, im Pons und insbesondere zerebellär, z. B. hirneigener Tumor, DD entzündlich.«

Früher hätte man die Begriffe mühsam im Pschyrembel, dem klinischen Wörterbuch, nachschlagen müssen. Heute gibt man die Befundbeurteilung einfach in eine App ein, die auf Künstlicher Intelligenz basiert, und erhält sofort folgende Auskunft:

Die Abkürzung »DD« steht für »Differentialdiagnose«, was bedeutet, dass es sich um zwei mögliche Diagnosen handelt, zwischen denen unterschieden werden muss. In diesem Fall bedeutet »hirneigener Tumor DD entzündlich«, dass im MRT-Befundbericht ein Befund festgestellt wurde, der auf zwei mögliche Ursachen hinweisen könnte: Hirneigener Tumor – dies deutet auf die Möglichkeit hin, dass es sich um einen Tumor im Gehirn handeln könnte. Hirntumore können sowohl gutartig (benigne) als auch bösartig (maligne) sein. Entzündung – es könnte auch eine entzündliche Reaktion im Gehirn geben. Dies könnte auf eine Infektion oder eine andere Art von Entzündung hindeuten. Es ist wichtig zu beachten, dass dieser Befundbericht keine endgültige Diagnose darstellt, sondern lediglich die zwei möglichen Ursachen aufzeigt, die weiter untersucht werden müssen.

Es wird dringend empfohlen, den Befund mit einem Arzt oder einem Neurologen zu besprechen, um die weitere Vorgehensweise und weitere diagnostische Tests festzulegen.

Die Empfehlung, sich in einem Zentrum für Neurochirurgie vorzustellen, verschärfte unsere Angst natürlich noch mehr. Was bedeutete das alles? Wir fragten uns verzweifelt, wie es nun weitergehen sollte, insbesondere angesichts der immer größer werdenden Angst vor einer schweren Erkrankung. Christine war ihr Leben lang nie ernsthaft krank und war außer zu den Geburten unserer beiden Töchter nie in einem Krankenhaus.

Am Mittwoch, dem 12. Oktober 2022, hatte Christine einen Termin bei einer Neuroradiologin. Wieder saßen wir beide verängstigt im Wartezimmer. Wir hatten die CD und den Befundbericht der Radiologie an der Rezeption abgegeben. Doch als wir ins Behandlungszimmer gerufen wurden, eröffnete uns die Neuroradiologin, dass die CD nicht von ihrem System eingelesen werden konnte. Sie schlug vor, eine neue MRT-Untersuchung direkt in ihrer Praxis vorzunehmen. Als sie uns verabschieden wollte, um einen neuen Termin zu vereinbaren, nahm ich all meinen Mut zusammen und fragte, ob es nicht möglich sei, das MRT sofort zu machen, um uns nicht länger auf die Folter zu spannen. Zunächst zögerte sie, doch ihre Assistentin kam dazu und informierte sie, dass tatsächlich eine Patientin abgesagt hatte. Christine war einerseits erleichtert – wir wollten endlich Klarheit. Andererseits litt sie sehr unter den lauten Klopfgeräuschen in der engen Röhre, die sie nun ein weiteres Mal ertragen musste.

Die Prozedur und die Auswertung dauerten eine Weile. Schließlich bat uns die Ärztin zurück in ihr Zimmer. Ihre ersten Worte waren ernst: »Ich habe keine guten Nachrichten.« Christine habe eine Auffälligkeit im Gehirn, die dort nicht hingehöre. Sie vermutete ein Lymphom. Die Behandlung von Lymphomen im Kopf erfordert in der Regel eine umfassende Beurteilung durch Neurochirurgen und Onkologen. Häufig kommt eine Kombination aus Strahlentherapie, Chemotherapie und manchmal auch eine Operation zum Einsatz.

Wir waren sprachlos, unfähig, auf diese Nachricht zu reagieren. Doch Christine blieb gefasst und wollte nur noch schnell nach Hause. Den ausführlichen Befundbericht erhielten wir mit auf den Weg. Die Ärztin riet uns eindringlich, so bald wie möglich eine weitere Abklärung vorzunehmen, auch wegen der Gefahr einer drohenden Einklemmung im Gehirn. Sie empfahl eine Vorstellung in einem universitären Zentrum mit Neurochirurgie.

Ratlos fuhren wir nach Hause und saßen stumm auf der Couch im Wohnzimmer. Uns war nicht klar, was als Nächstes zu tun war.

Christine kommt ins Klinikum

Es war ein Mittwochnachmittag, doch wir beschlossen, sofort zu handeln. Wir erreichten unsere Hausärztin auf ihrem Mobiltelefon und informierten sie über den Befund der Neuroradiologin. Sie erklärte uns, was es mit der »Einklemmung« auf sich hat.

Die Gefahr einer Einklemmung bei einem Lymphom im Gehirn bezieht sich auf eine potenziell lebensbedrohliche Situation. Wenn ein Tumor im Gehirn zu schnell wächst, kann er gegen bestimmte Bereiche im Schädelinneren drücken und lebenswichtige Strukturen beeinträchtigen. Da der Raum im Schädel durch den Knochen stark begrenzt ist, kann ein wachsender Tumor Druck auf das umliegende Gewebe, Blutgefäße und sogar auf den Hirnstamm ausüben. Diese Vorgänge sind lebensbedrohlich und erfordern sofortige Behandlung, erklärte unsere Hausärztin. »Wenn Christine meine Mutter wäre, würde ich alles tun, um sie sofort in die Neurochirurgie des Klinikums einweisen zu lassen.« Doch das Klinikum hatte wegen der Corona-Pandemie einen Aufnahmestopp. Patienten wurden in umliegende Kliniken verlegt, oft weit über Darmstadt hinaus.

Trotzdem schaffte es unsere Hausärztin, noch am selben Nachmittag des 12. Oktober 2022 einen Platz für Christine zu organisieren. Um 14:30 Uhr kam ein ASB-Wagen und holte Christine von zu Hause ab. Sie wurde in die Notaufnahme des Klinikums Darmstadt gebracht – trotz des Aufnahmestopps. Der Krankenwagen kam mit zwei Notfallsanitäterinnen zu uns in den Stefan-George-Weg. Christine lief selbstständig zu dem Wagen. Bei laufendem Motor legten die Sanitäterinnen ihr einen Zugang für eine Infusion, ohne uns zu erklären, was genau verabreicht wurde. Nach zwanzig Minuten fuhren sie los. Als ich mich von Christine verabschiedete, sah ich sie so traurig wie nie zuvor in unserem gemeinsamen Leben. Uns liefen beiden die Tränen übers Gesicht. Zum ersten Mal wurde Christine in einem Krankenwagen weggebracht. Abgesehen von den Geburten unserer Töchter war sie nie stationär in einem Krankenhaus. Sie war ihr ganzes Leben lang nie ernsthaft krank gewesen.

Wir wussten beide, dass in diesem Moment etwas Unfassbares geschah, das wir in unseren 62 gemeinsamen Jahren niemals erlebt hatten. Wegen der Corona-Pandemie durfte ich Christine nicht begleiten. Die Erfahrung in der Notaufnahme war für sie schrecklich. Sie verbrachte vier endlose Stunden bis 18:30 Uhr auf einer Bahre im Wartebereich – die schlimmste Erfahrung, die sie je gemacht hat. Diese »entmenschlichenden Abläufe«, wie sie von der Ärztin Elisabeth Kübler-Ross beschrieben werden, waren für Christine völlig neu.
Erst um halb acht abends wurde meine geliebte Christine in ein Zimmer auf der Station 14 A, Zimmer 42 der Neurochirurgie, verlegt. Auch ich fühlte mich hilflos und war verzweifelt, weil ich nichts für sie tun konnte. Der Chefarzt war telefonisch für mich nicht erreichbar. Christine war privatversichert mit Anspruch auf ein Einzel-

zimmer und Chefarztbehandlung, doch das Krankenhaus erklärte, dass es auf der Station keine Einzelzimmer gäbe und der Chefarzt mit einem Notfall beschäftigt sei. Trotz allem wünschte ich Christine eine gute Nacht. Sie bat mich, sie nicht anzurufen; sie würde sich melden, damit ihre Bettnachbarin nicht gestört werde. Das war typisch für sie – ihre Rücksichtnahme auf andere war ihr immer wichtiger als ihr eigenes Wohlbefinden.

Die erste Nacht mit einer fremden Person im Zimmer muss für Christine furchtbar gewesen sein. Zu Hause schliefen wir in getrennten Zimmern, seitdem wir nach dem Auszug unserer Töchter den Platz dazu hatten. Am nächsten Morgen telefonierten wir, und sie erzählte mir, dass ihre Bettnachbarin sehr unruhig gewesen sei. Sie sei die ganze Nacht immer wieder aufgestanden und habe stundenlang im Bad Wasser laufen lassen. Als sie ins Bett zurückkam, sang sie laut und hatte das Wasser im Bad nicht abgestellt. Christine musste es schließlich für sie abstellen.

Der Klinikdirektor spricht mit Christine

Am Donnerstag, dem 13. Oktober 2022, sprach der Klinikdirektor der Neurochirurgie zum ersten Mal mit Christine. Sie rief mich danach an und erzählte mir, dass sie kaum etwas von dem Gespräch verstanden habe. Es war voller medizinischer Fachbegriffe, die für sie unverständlich waren. Christine bat den Arzt, doch mit mir zu sprechen, um mir alles noch einmal genauer zu erklären. Er meinte, er sei den ganzen Tag im OP, könnte aber versuchen, am Abend mit mir zu telefonieren. Tatsächlich rief er um 20:30 Uhr an und entschuldigte sich für das späte Telefonat – er habe bis eben im OP gestanden. Er erklärte mir, dass sie in den kommenden Tagen mit einer entlastenden Kortisontherapie beginnen würden. Wenn diese anschlage, sei eine Biopsie im Kopf für eine genauere Diagnose geplant. Diese sollte frühestens Mitte der nächsten Woche durchgeführt werden. Christine war ängstlich, aber dennoch zuversichtlich und hoffte, dass die Biopsie bald erfolgen würde. Sie klammerte sich an die Hoffnung, dass ein positives Ergebnis eine Chance bedeuten könnte – vielleicht könnte doch noch alles wieder besser werden.

Christines Bruder Rudolf war achtundsechzig Jahre alt, als er am 2. August 2012 ohne bekannte Vorerkrankungen plötzlich an einem Herztod verstarb. Sie hatte eine tiefe Verbindung zu ihm und liebte ihren vier Jahre älteren

Bruder sehr. Oft sagte sie: »Jetzt könnte ich meinen Bruder gut gebrauchen.« Rudolf war nicht nur ihr Vertrauter, sondern auch eine wichtige Stütze in medizinischen Fragen. Als Internist mit einer eigenen Hausarztpraxis in Groß-Umstadt war er für seine einfühlsame Art bekannt und von seinen Patienten sehr geschätzt.

Christine berichtete mir, dass immer wieder verschiedene Ärzte in ihr Zimmer kamen – vom Assistenzarzt über den Stationsarzt bis hin zum Oberarzt. Nur der Chefarzt ließ sich bei ihr nicht blicken. Da ich uns gerne persönlich bei dem Klinikdirektor der Neurochirurgie vorstellen wollte, entschloss ich mich, ihm einen Brief per E-Mail zu schreiben.

Sehr geehrter Herr Dr. G.,

meine Frau Christine Heymann befindet sich seit Mittwoch, 12. Oktober, in Ihrer Klinik, Station 14. Wir möchten uns bei Ihnen persönlich bedanken für die Aufnahme in der Klinik, obwohl sie wegen der Corona-Pandemie geschlossen ist. Nach der Befundbesprechung bei der Radioneurologin Dr. S. waren wir dankbar wegen der starken Schwindelbeschwerden und der damit verbundenen Übelkeit meiner Frau und der dringenden Empfehlung, wegen der drohenden Einklemmung sich in einem universitären Zentrum vorzustellen.

Meine Frau berichtete, dass Sie von einer Biopsie gesprochen haben, die nächste Woche bei ihr vorgenommen werden soll.

Da wir – in diesem Jahr 56 Jahre verheiratet – und beide noch niemals ernstlich krank waren, übrigens auch noch nie einen Krankenhausaufenthalt hatten, können Sie sich vorstellen, dass uns das jetzt alles ziemlich belastet. Sehen Sie eine Möglichkeit zu einem Gespräch mit uns beiden? Das wäre für uns sicher eine große Hilfe.

Auch wünscht sich meine Frau unheimlich gern, in ein Einzelzimmer verlegt zu werden. Ihre Bettnachbarin lässt sie nachts nicht zum Schlaf kommen. Können Sie sich vielleicht auch dafür verwenden?

Vielen, vielen Dank und herzliche Grüße

Christine und Dieter Heymann

Jeden Tag besuchte ich Christine, was aufgrund der Corona-Pandemie und der damit verbundenen Besuchseinschränkungen nicht einfach war. Über die Homepage des Klinikums musste ich mich im »Patientenbesuche«-Tool anmelden und für einen Besuch zwischen 16:00 und 20:00 Uhr einen Slot von maximal einer Stunde »buchen«. Nach der Buchung erhielt ich eine Bestätigung mit einem QR-Code, den ich ausdrucken und beim Klinikeingang am Zugangscomputer einscannen musste. Zusätzlich war ein tagesaktueller Corona-Schnelltest erforderlich, der als »Eintrittskarte« vorgezeigt werden musste. Nach all dem betrat man eine Schleuse, in der das Fieber gemessen wurde. Diese Prozedur, die einerseits verständlich war, stellte andererseits eine völlig neue Erfahrung für uns alle dar.
Ich fragte mich oft, wie Menschen, die zu Hause keinen Zugang zum Internet oder zu einem Drucker haben, diese

Hürden meistern. Tatsächlich gab es auch eine Möglichkeit für sie: Sie mussten sich an einer langen Schlange vor dem Klinikeingang anstellen und die gesamte Prozedur dort erledigen. Auch unsere Töchter Annette und Steffi besuchten ihre Mutter regelmäßig. Wir stimmten uns zeitlich ab, damit Christine wenigstens zweimal am Tag Besuch bekam und so etwas Abwechslung in ihren Krankenhausalltag kam.

Christines Biopsie
im Kopf

Am Mittwoch, dem 19. Oktober 2022, fand die OP zur Biopsie unter bildgebender Kontrolle und mit computerunterstützter Navigation statt. Auf der Station erfuhr ich, dass Christine um 12:12 Uhr aus ihrem Zimmer abgeholt und in den OP-Bereich gebracht wurde. Erst um 18:23 Uhr wurde sie auf die Intensivstation 18A verlegt. Gegen 19:00 Uhr rief ich dort an und erhielt die Auskunft, dass sie noch sehr schläfrig sei und ich mich am nächsten Morgen wieder melden solle. Ich bat die Schwester jedoch, Christine wenigstens kurz meine Stimme hören zu lassen. Die Schwester brachte ihr daraufhin das Telefon ans Bett und sagte: »Frau Heymann, Ihr Mann ist am Telefon.« Christine öffnete nur kurz die Augen und schloss sie sofort wieder. Sie sprach nicht mit mir.

Am nächsten Tag, Donnerstag, den 20. Oktober 2022, wurde Christine gegen Mittag zurück auf die Station gebracht. Dieses Mal hatte sie endlich ein Einzelzimmer bekommen. Sie war jedoch sehr schwach und ging nicht an ihr Handy. Ich rief auf der Station an, und eine freundliche Schwester erklärte mir, sie würde mit dem Telefon in Christines Zimmer gehen und es ihr ans Ohr halten. Es würde jedoch einen Moment dauern, da sie sich erst die Corona-Schutzkleidung anziehen und das Telefon in eine Plastikhülle packen müsse. Christine hatte sich im Krankenhaus zusätzlich mit dem Coronavirus infiziert. Die Schwester erzählte mir, dass Christine am Morgen vor der OP noch negativ getestet worden sei. Wie konnte das passieren, fragte ich mich, dass sie sich in einem sterilen OP-Bereich mit dem Virus ansteckte?

Nach einiger Zeit konnte ich mit Christine sprechen. Sie hörte sich äußerst schwach an und klagte über starke Rückenschmerzen. Der Schwindel war wieder schlimmer geworden, und sie konnte nicht aufstehen, weil sie sich nicht auf den Beinen halten konnte.

Diese über sechs Stunden dauernde OP war für Christine eine Qual, besonders die Behandlung danach auf der Intensivstation. Ihr sehnlichster Wunsch war es, so schnell wie möglich die Klinik zu verlassen und wieder nach Hause zu kommen. Zu allem Übel erreichte die Pandemie in Darmstadt neue Höchststände, und das Klinikum war wieder für jegliche Besucher gesperrt.

Am frühen Morgen, Donnerstag, den 20. Oktober 2022, schrieb ich erneut eine E-Mail an den Chefarzt:

Sehr geehrter Herr Dr. G.,

nach der sehr langen Biopsie-OP meiner Frau gestern habe ich am Abend noch erfahren, dass sie sich auf der Intensivstation 18 A befindet.

Ich möchte gern wissen, wie es ihr geht, vor allen Dingen, wie die OP verlaufen ist, warum sie so lange gedauert hat. Gab es Komplikationen? Das Allerwichtigste für uns ist, dass ich sie heute einmal besuchen kann. Wie kann das organisiert werden, nachdem das Klinikum für Besucher ab heute wieder gesperrt ist?

Telefonisch sagte man mir, es wäre doch möglich, wenn der behandelnde Arzt mit einer Ausnahmegenehmigung dem zustimmt.

Herzliche Grüße

Dieter Heymann

Am Vormittag erhielt ich eine Rückmeldung von der Sekretärin. Der Chef sei noch im OP, und es würde noch eine ganze Weile dauern, bis er sich melden würde. Am Nachmittag konnte ich endlich mit dem Chefarzt telefonieren. Auf die lange Zeit, die Christine im OP war, angesprochen, erklärte er, dass die Operation nicht länger als eine Stunde gedauert habe und normal sowie ohne Komplikationen verlaufen sei. Aufgrund des computergesteuerten Vorgehens seien bestimmte Zeiten für die Einrichtung erforderlich gewesen.

Er konnte noch keine Aussagen zu den Veränderungen im Kleinhirn treffen, insbesondere warum einige Regionen kein Kontrastmittel aufnehmen würden und wie es um die Schwellung stünde. Drei unabhängige Institutionen – das Labor im Klinikum, die Neuropathologie der Uni-Kliniken Heidelberg und eine Tumorboard-Konferenz mit sechs Fachkollegen – würden die entnommenen Biopsien evaluieren.

Nach der Biopsie war nichts mehr wie zuvor

In den folgenden Tagen besuchte ich Christine im Klinikum, ohne das große Brimborium bei der Einlasskontrolle wegen der Corona-Pandemie. Es war nur noch ein tagesaktueller negativer Corona-Test erforderlich, und ein Anruf auf der Station an der Pforte genügte. Christine ging es nach der schrecklichen Hirnbiopsie nicht gut. Sie konnte das Bett nicht mehr allein verlassen, hatte einen Blasenkatheter und erhebliche Probleme beim Sprechen.

Nichts war mehr wie vor der Operation. Wo sie sich zuvor fein angezogen und mit einem Lächeln empfangen hatte, lag sie jetzt traurig im Bett und schaute mich an. Ihr sehnlichster Wunsch war es, schnellstmöglich nach Hause zu kommen. Ich versprach ihr, eine weitere E-Mail an den Arzt zu schreiben, der sich seit der Operation nicht mehr bei ihr sehen ließ und telefonisch nicht erreichbar war.

Im neuroradiologischen Befundbericht stand, dass das Kleinhirn für Christines Schwindelbeschwerden verantwortlich sei. Um mehr darüber zu erfahren, recherchierte ich in verschiedenen medizinischen Foren über die Aufgaben des Kleinhirns. »Das Kleinhirn, auch als Cerebellum bezeichnet, spielt eine entscheidende Rolle bei der Koordination von Bewegungen und der Feinabstimmung von Muskelaktivitäten. Es ist für eine Reihe von Funktionen verantwortlich und maßgeblich daran beteiligt,

Bewegungen zu koordinieren. Es sorgt dafür, dass diese flüssig, präzise und ausbalanciert sind. Das Kleinhirn beeinflusst die Feinmotorik, was bedeutet, dass es bei präzisen, koordinierten Bewegungen eine wichtige Rolle spielt, wie beispielsweise beim Schreiben, Zeichnen, Spielen von Musikinstrumenten und Lesen. Außerdem trägt es zur Aufrechterhaltung des Gleichgewichts und zur Kontrolle der Körperhaltung bei, sowohl in bewegten als auch in ruhigen Zuständen. Schädigungen des Kleinhirns können zu einer Vielzahl von motorischen Problemen und Koordinationsstörungen führen, die als Ataxien bekannt sind. Diese können sich in Schwierigkeiten beim Gehen, Sprechen, Schreiben und anderen motorischen Aktivitäten äußern.«

Am Sonntag, dem 23.10.2022, schrieb ich erneut eine E-Mail an den Arzt:

Sehr geehrter Herr Dr. G.,

gerade eben, heute am Sonntag, telefonierte ich mit meiner Frau.

Sie berichtete sehr niedergeschlagen, dass sie beim Mittagessen eine Medizin bekommen hätte, auf die sie sich stark übergeben musste. Weiterhin klagt sie über ein starkes Brennen beim Wasserlassen durch den Blasenkatheter. Sie meint, da sie sich wieder einigermaßen mit einem Rollator fortbewegen kann, könne sie auch allein auf die Toilette gehen und bräuchte den Katheter nicht mehr. Sie hätten ihr schon am Freitag fest zugesagt, dass der Katheter entfernt werden könnte. Warum ist das bis heute, Sonntag, noch nicht geschehen?

Sie hat den sehnlichsten Wunsch, baldmöglichst nach Hause zu kommen, Sie hätten ihr versprochen, dass das bis Anfang der Woche möglich sei. Wir haben eine sehr gute hausärztliche Versorgung.

Wir würden uns freuen, wenn Sie uns baldmöglichst eine Antwort zukommen lassen.

Herzliche Grüße
Dieter Heymann

Christine kommt vom Krankenhaus nach Hause

M it Annette und Steffi beratschlagte ich das weitere Vorgehen für die Zeit, wenn Christine aus dem
Krankenhaus entlassen wird. Da sie mit einer Corona-
Infektion nach Hause kommen würde, mussten wir auch
dafür einige Maßnahmen bedenken.

Am Dienstag, dem 25. Oktober 2022, wurde Christine nach Hause entlassen. Sie war vom 12.10.2022 bis
25.10.2022 im Krankenhaus in stationärer Behandlung.
Am 19.10.2022 fand in einer mehrstündigen Operation eine Biopsie an zwei Stellen ihres Kopfes statt. Den
Arztbrief vom 25.10.2022, der in unverständlich medizi-
nischem Fachjargon verfasst war, ließ ich dank der Künstlichen Intelligenz in eine für Laien verständliche Sprache
übersetzen:

Diagnosen:
Unklare Anomalie im Kleinhirn auf beiden Seiten.

Pathologisches Ergebnis ausstehend.
Asymptomatische SARS-CoV-2-Infektion. Positiver
PCR-Test am 19.10. (Ct-Wert 32), am 24.10. Ct-Wert
17,1.

Therapie:

Am 19.10.2022 wurde eine gezielte Gewebeentnahme (Biopsie) der Anomalie im Kleinhirn auf beiden Seiten durchgeführt.

Anamnese:

Am 12.10.2022 wurde die Patientin in unserer Notaufnahme vorstellig. Sie klagte über seit etwa 2–3 Wochen bestehende schwindelbedingte Beschwerden, Übelkeit und Unsicherheit beim Gehen. Außerdem berichtete sie über zeitweise Taubheitsgefühle in beiden Handflächen. Ein Schädel-MRT wurde ambulant durchgeführt, welches zwei unklare Anomalien im Kleinhirn zeigte, eine davon mit Kontrastmittel anreichernd auf der rechten Seite und die andere ohne Kontrastmittel auf der linken Seite im umgebenden geschwollenen Gewebe. Die Patientin gab an, in 14 Tagen 5 kg an Gewicht verloren zu haben, begleitet von geringem Appetit und Übelkeit. Probleme mit Blasen- oder Darmfunktion wurden verneint.

Begründung der vollstationären Behandlung und der Operation:

Aufnahmestatus:

Die Patientin war wach, vollständig orientiert und angemessen ansprechbar. Die Pupillen waren gleich groß und reagierten auf Licht. Der neurologische Status war unauffällig. Bei der Untersuchung wurden keine Beeinträchtigungen der Empfindung oder Bewegung festgestellt. Die Muskelreflexe waren beidseitig lebhaft. Der Babinski-Reflex war beidseitig negativ. Das Gangbild war unsicher und breit. Tests wie der Blindgang und Seiltänzergang waren unsicher. Beim Versuch, im Stehen mit geschlossenen Augen die Balance zu halten, dem Romberg-Stehversuch, gab es eine leichte Neigung nach hinten.

Untersuchungsergebnisse:
In der intraoperativen CT des Schädels mit Kontrastmittel vom 19.10.2022 wurde eine einzige, 1,8 × 1,5 cm große, kontrastmittelanreichernde Läsion im rechten Kleinhirn gefunden. Es gab keine Verschiebung der Mittellinie und keine Anzeichen einer Einklemmung.

MRT des Gehirns vom 21.10.2022:
Der Befund war nach der Biopsie unauffällig, es gab keine relevante Nachblutung.

Therapie und Verlauf:
Die Operation am 19.10.2022 verlief ohne Komplikationen. Der postoperative Verlauf war erfreulich. Die MRT-Kontrolle zeigte einen normalen Befund nach der Operation. Die Patientin konnte sich selbstständig bewegen und erhielt Unterstützung von der Physiotherapie. Die Wunde heilte gut und blieb trocken. Am 19.10.2022 wurde die Patientin im Rahmen der routinemäßigen Covid-PCR-Kontrolle positiv getestet, zeigte jedoch keine Symptome. Daher musste sie isoliert bleiben, war aber frei von Covid-Symptomen. Daher können wir die Patientin heute zur ambulanten Weiterbehandlung entlassen.

Entlassungsstatus:
Es gab keine neuen neurologischen Beeinträchtigungen, keine Empfindungs- oder Bewegungsstö-
rungen. Der Schwindel besteht weiterhin, und das
Gangbild ist unsicher. Die Wunden sind unauffällig, trocken und die Nähte sind noch intakt.

Weiteres Vorgehen:
Zum Zeitpunkt der Entlassung steht das Ergebnis
der feingeweblichen Untersuchung noch aus. Nach
Erhalt werden wir den Fall in unserer Tumorkonfe-
renz besprechen und die Patientin über das weitere
Vorgehen informieren.

Den Arztbrief zur Entlassung verstanden wir zu diesem
Zeitpunkt nicht und konnten auch nicht interpretieren,
was all das bedeutete. Wir waren viel zu aufgeregt, um
uns damit ausführlich zu beschäftigen. Wenn wir diesen
Brief in einer verständlichen Laiensprache lasen, erschien
uns die Situation nicht so lebensbedrohlich. Vielleicht war
es auch ein tief in uns Menschen liegender Zweckopti-
mismus. Das lag auch daran, dass der histologische Befund noch nicht vorlag. Neue Hypothesen gehen davon
aus, dass die erste Glioblastomzelle bereits bis zu sieben
Jahre vor der Diagnose entstehen kann. Nach dieser An-
nahme finden die frühen, kritischen Mutationen in der
Tumorentstehung zwei bis sieben Jahre vor der Diagnose
statt. Erst durch das Auftreten zusätzlicher Mutationen
wird dann das typische rasche Wachstum des Glioblas-
toms ausgelöst, mit all seinen Symptomen, die vorher bei
Christine nicht aufgetreten waren. Es handelt sich um sel-
tene Tumoren mit jährlich nur drei bis vier Neudiagnosen
pro 100.000 Einwohnern. Bei unseren Untersuchungen in

der Max Grundig Klinik auf der Bühler Höhe wurde kein MRI oder MRT vom Kopf gemacht, da Christine damals im Mai 2022 keinerlei Beschwerden hatte, die auf ein solches Tumorgeschehen hingewiesen hätten. Über erste Schwindelbeschwerden klagte sie erst Ende August 2022.

Nach dreizehn Tagen Klinikaufenthalt und der über sechs Stunden dauernden Operation für eine Biopsie an zwei Stellen ihres Kopfes war für Christine nichts mehr wie zuvor. Unsere Hoffnung auf Heilung schwand immer mehr. Christine nach Hause zu holen, stellte sich als äußerst schwierig dar. Am frühen Dienstagmorgen, dem 25.10.2022, erschien die Schwester in ihrem Zimmer und sagte, sie würde heute nach Hause entlassen und solle sich anziehen und ihre Sachen zusammenpacken. Sie brachte ihr einen Rollator, mit dessen Hilfe sie sich bewegen konnte. Doch das war für sie nicht so einfach. Sie schaffte es trotzdem, setzte sich auf einen Stuhl im Zimmer und wartete geduldig, so wie es immer ihre Art war. Sie hatte uns zu Hause angerufen und wollte uns informieren, wann es losgehen würde. Das war morgens um 9:00 Uhr. Es passierte jedoch nichts. Um 12:00 Uhr war meine Geduld am Ende und ich rief auf der Station an. Von der Stationsschwester erfuhr ich, dass der Krankentransport bestellt sei, jedoch wegen der Corona-Pandemie nicht genügend Krankenfahrzeuge zur Verfügung stünden und wir noch einige Geduld aufbringen müssten. Es dauerte alles sehr viel länger, da die Fahrzeuge nach einem Einsatz erst wieder komplett desinfiziert werden mussten. Sie konnte uns nicht sagen, wann Christine abgeholt würde; es könnte aber bestimmt noch einige Zeit dauern. Unter Umständen müsste sie vielleicht noch eine weitere Nacht in der Klinik verbringen. Das wollten wir keinesfalls, denn Christine wollte nach Hause. Und diesen Wunsch wollte ich ihr unbedingt erfüllen. Ich fragte die Schwester, ob wir sie denn nicht selbst abholen könnten. Sie meinte, dass das in dieser besonderen Lage sicher auch möglich wäre, und wollte den Stationsarzt informieren. Kurz darauf erfuhren wir, dass das möglich ist. Annette und ich fuhren zum Klinikum. Wir telefonierten erneut mit der Stationsschwester und informierten sie, dass wir da waren und sie Christine an den Ausgang bringen konnte. Es gab keine Möglichkeit, direkt an das Portal zu fahren. Annette nahm nach kurzer Zeit ihre Mama am Haupteingang in Empfang, als sie mit dem Rollator heraustrat. Den kurzen Weg bis zum Auto konnte sie mühelos überwinden und war sichtlich erleichtert, wieder bei uns zu sein. Wir trugen wegen der Corona-Pandemie unsere Masken und waren froh, als wir zu Hause ankamen.

Christine setzte sich sichtlich erschöpft auf ihre geliebte Couch im Wohnzimmer, und das Erste, was sie zu uns sagte, war: »Seid bitte nicht traurig. Ich hatte 75 Jahre ein wunderbares Leben, und dafür bin ich sehr dankbar. Immer wollte ich schon vor Dieter sterben, weil ich mir ein Leben ohne ihn nicht vorstellen konnte. Ich habe sehr gerne gelebt.« Uns stiegen die Tränen in die Augen, und ich wusste nicht, woher meine geliebte Frau, der wichtigste Mensch in meinem Leben seit meinem siebzehnten Lebensjahr, die Kraft hernahm, diese Einstellung zu haben. Ich weinte wie seit Jahren nicht mehr, wie noch nie in meinem Leben. Christine hatte sich mit ihrem Tod auseinandergesetzt und ihre große Angst hinter sich gebracht.

Vor über zweitausend Jahren kann man in dem Buch *Cato Maior de Senectute* [Über das Alter] von Marcus Tullius Cicero lesen: »Es kommt nicht darauf an, wie lange das Leben dauert, sondern wie gut es war.« Friedrich Nietzsche lässt seinen weisen Propheten Zarathustra im Kapitel »Vom freien Tode« sagen: »Viele sterben zu spät, und Einige sterben zu früh; stirb zur rechten Zeit!«

Christine blickte aus dem großen Terrassenfenster auf die alte Eiche in unserem Nachbargarten. Sie erschien mir ausgeglichen und im Frieden mit sich selbst. Wie hat sie all das verkraftet, was sie im Krankenhaus durchmachen musste?

In den kommenden Tagen hatten wir Zeit, über alles zu sprechen, und das war die wertvollste Zeit in unserem Leben vor ihrem Tod. Christine tröstete mich, so war sie ihr ganzes Leben. »Dieter, wir hatten sehr lange ein sehr glückliches Leben. Wir waren frei von Sorgen und bei guter Gesundheit, dafür wollen wir zufrieden und dankbar sein.«

Wir sind früh in den Ruhestand gegangen: Christine mit sechsundfünfzig und ich mit achtundfünfzig Jahren. Es war eine wunderbare Zeit, die wir geschenkt bekamen, zum Ausgleich für die anstrengende Zeit in unserer frühesten Jugend. Christine war siebzehn und ich neunzehn Jahre alt, als wir Verantwortung für unsere erste Tochter übernahmen. Wir führten dreiunddreißig Jahre lang sehr erfolgreich unsere Firma, die wir sehr jung übernommen hatten. In den zwanzig Jahren unseres Ruhestands führten wir ein wunderbares Leben. Beide haben wir an der TU Darmstadt studiert: Christine Germanistik mit Literaturwissenschaften und Geschichte, und ich Psychologie und Philosophie. Wir holten alles nach, was wir in unserer Jugend versäumt hatten. Als Spätstudierende fühlten wir uns wieder jung und diskutierten an vielen Abenden über das, was wir am Tag in der Uni gelernt und erlebt hatten. Es war eine herrliche Zeit, die Diskussionen mit unseren Mitstudierenden beim Mittagessen in der Mensa und die Aufregungen vor jeder Klausur.

Christine arbeitete, als unsere beiden Mädchen noch nicht in den Kindergarten und in die Schule gingen, nur halbtags. Bereits Mitte der 1970er-Jahre stellten wir eine Haushälterin ein, die von uns allen geliebte Frau Ripper. Von da an begann Christine in Vollzeit zu arbeiten. Mit unserem Studium ab dem Jahr 2003 brach eine völlig neue, wunderbare Zeit für uns an – vielleicht die schönste in unserem Leben.

Nach Christines Rückkehr aus dem Krankenhaus wollten wir zu Hause zunächst einige Umstellungen vornehmen, auch wegen ihrer Corona-Infektion, die sie sich erst in den letzten Tagen in der Klinik zugezogen hatte. Von ihrem Schlafzimmer zog sie in mein Schlafzimmer um, da dieses näher an der danebenliegenden Toilette liegt. Ich versorgte sie, kaufte ein und kochte das Essen mit Christines Ratschlägen und Hilfen. Neben dem Bett stellten wir ein Tischchen auf und einen bequemen Stuhl, wo sie leider alleine essen musste. Ich trug immer eine Maske, wenn ich zu ihr ging, und desinfizierte auch das Geschirr. Da wir zwei Badezimmer haben, war auch dieses Problem gelöst. Jeden Tag führten wir beide einen Corona-Selbsttest durch. Christine war positiv aus der Klinik entlassen worden, aber völlig ohne Symptome. Nach knapp einer Woche fielen die Tests wieder negativ aus. Das Erstaunlichste war, dass ich mich nicht infiziert hatte. Christine bewegte sich wieder frei im Haus, war jedoch sehr geschwächt und lag den ganzen Tag auf der Couch im Wohnzimmer. Wir aßen wieder zusammen am Esstisch und schauten abends Fernsehen, so wie wir es vorher immer getan hatten. Erst jetzt begreife ich so richtig, was sie im Krankenhaus durchmachen musste und wie sie all das verändert hatte.

Christine lehnt Strahlen- und Chemotherapie ab

Wir haben wunderbare Gespräche geführt und auch zusammen geschwiegen. Alles strengte sie sehr an. Vor allem wollte sie »nie mehr in ein Krankenhaus«. Was uns jetzt noch bevorstand, war das Ergebnis der histologischen Untersuchung der Biopsie. Die kommenden Tage der Ungewissheit machten mir mehr Probleme als Christine. Sie war froh und auf eine besondere Art zufrieden, dass sie wieder zu Hause sein durfte. Sie schien irgendwie zu spüren, was auf sie zukommt, und war dennoch angstfrei. Der Arzt ließ sich sehr lange Zeit, bis er uns auf wiederholte Nachfrage endlich einen Termin für die Besprechung der Biopsie-Ergebnisse und der Tumorboard-Konferenz gab – nach über zwei Wochen. Die Unterredung mit Christine, Annette und mir fand im dritten Stock in einem sehr nüchternen, unpersönlichen Besprechungsraum statt.

Am Donnerstag, dem 10. November 2022, hatten wir um 9:30 Uhr morgens mit dem Arzt einen Termin vereinbart. Wir waren pünktlich, aber er ließ uns über eine Stunde in einem stark frequentierten Vorraum warten. Ungeduldig fragte ich die Assistentin, wie lange es noch dauern würde. »Wie lange es dauert, dauert es«, war die barsche Antwort der total überforderten Mitarbeiterin. Der Arzt sei in der Klinik bei Patienten, und diese gingen in jedem Fall vor.

Als der Arzt endlich kam, entschuldigte er sich für die lange Wartezeit. Alle Untersuchungsergebnisse lägen jetzt vor. Er machte es kurz und direkt, ohne lange Umschreibungen: Christine hat ein malignes Gliom an mehreren Stellen im Gehirn, das inoperabel und unheilbar ist. Der »Fall« wurde in einem sogenannten Tumorboard besprochen, einem Konsortium aus sechs Professoren verschiedenster Fachrichtungen. Dabei wurde eine Bestrahlung zerebellar beidseits auf beiden Seiten des Kleinhirns in Kombination mit einer Chemotherapie empfohlen. Das könnte eine lebensverlängernde Maßnahme bedeuten. Christine nahm das alles erstaunlich ruhig auf. Sie fragte ihn, wie lange sie noch zu leben habe, nach seiner Einschätzung. Das beantwortete er erwartungsgemäß nicht direkt, sondern im Sinne von: »Wochen, Monate, Jahre bestimmt nicht mehr.« Es hätte aber schon Patienten gegeben, die wie durch ein Wunder mehrere Jahre mit dieser Diagnose überlebt hätten. Die Unterredung war schnell zu Ende.

Als wir wieder zu Hause waren, sagte Christine: »Nach dem langen und sehr glücklichen Leben, das wir zwei geführt haben, und zwar bei meist guter Gesundheit, warum sollte ich jetzt mit der Qual und Verzweiflung einer Strahlentherapie und Chemotherapie leben wollen? Wäre das überhaupt ein lebenswertes Leben? Wenn ich die Behandlung ablehne, werde ich sicher eher früher als später sterben, das hat der Arzt praktisch so angedeutet. Ich bin von liebevollen Menschen umgeben und befinde mich in einem komfortablen und schönen Zuhause. Was kann ich in meiner Situation mehr erwarten? Ich füge mich meinem Schicksal.« Ich konnte das sehr schwer verkraften, aber die felsenfeste Überzeugung von Christine, genau das Richtige für sich selbst getan zu haben, ließ mich das schweren Herzens akzeptieren. »Dieter, ich weiß genau, was das für mich bedeutet«, ließ mich weinen. Auch Christine bekam dabei Tränen in die Augen. Wenn ich sie fragte: »Hast du Angst davor?«, antwortete sie: »Ja, schon, aber es ist besser so, als mein Leiden damit noch zu verlängern.« Christine war zeitlebens ein lebensfroher, optimistischer und positiver Mensch. Wenn sie nur eine klitzekleine Chance, einen Hoffnungsschimmer gesehen hätte, sich den Weg ins Leben zurück zu erkämpfen, wäre sie diesen sicherlich gegangen. Sie hatte zum Erstaunen der Ärzte niemals über irgendwelche Schmerzen geklagt. Sie trug ihre Krankheit mit Würde.

Der norwegische Schriftsteller Jostein Gaarder ist bekannt für Romane und Kurzgeschichten mit zumeist philosophischem Hintergrund, insbesondere mit seinem Buch *Sofies Welt*, das bis 2017 in 65 Sprachen übersetzt wurde und sich über 40 Millionen Mal verkaufte. Er meint: »Den Traum vom Unwahrscheinlichen nennen wir Hoffnung.« Für Christine bestand ihre Hoffnung darin, möglichst nicht lange leiden zu müssen.

An den Tagen zu Hause stand sie jeden Morgen auf und zog sich nach der Morgentoilette im Bad immer hübsch an – jeden Tag etwas anderes. Keine Trainingshosen oder Ähnliches, sondern eine feine Hose, Bluse und Pullover oder ihre geliebten Twinsets. Danach saßen wir am Frühstückstisch länger als üblich zusammen und unterhielten uns. Anschließend setzte sie sich im Wohnzimmer auf ihre Lieblingscouch und warf einen Blick in die Frankfurter Allgemeine Zeitung. Mit der Zeit kam dann eine Müdigkeit, und sie legte sich hin und schloss die Augen. Um die Mittagszeit sagte sie, dass sie Hunger hätte. In der Zwischenzeit hatte ich mich um das Mittagessen gekümmert.

Manchmal habe ich unter ihrer Anleitung etwas gekocht, ein anderes Mal habe ich ein fertiges Essen bei der Metzgerei Krug abgeholt und einmal in der Woche auch ein feines Essen von unserem Lieblingsitaliener. Ihre Leibspeise von dort waren kleine Kalbsschnitzel in Zitronensoße mit Gemüse oder Salat und Bratkartoffeln. Manchmal aßen wir dann am nächsten Tag von den großen Portionen mit ein paar selbst zubereiteten Beilagen das restliche Fleisch auf. Nach dem Mittagessen ging Christine wieder die Treppe nach oben in ihr Schlafzimmer und legte sich mit allen Kleidern angezogen auf das Bett. Nach dem Mittagsschläfchen um halb vier kam sie wieder herunter auf ihre geliebte Couch. Wir saßen gemütlich beisammen, tranken Tee oder Kaffee und aßen Gebäck dazu. Oft sagte sie: »Dieter, mir geht es hier so gut.« Doch ich bemerkte, dass ihr das Treppensteigen in den ersten Stock und auch das Herunterlaufen immer schwerer fiel. Das konnte ich von Tag zu Tag beobachten. Unser Enkel Vincent und ich haben einen parallelen zweiten Handlauf montiert, an dem sich Christine gut festhalten konnte und der ihr mehr Sicherheit gab. Zu Beginn konnte sie damit noch ganz allein herunter- und hinaufgehen. Zu dieser Zeit half sie manchmal noch, die Spülmaschine ein- und auszuräumen und die Küche aufzuräumen. Doch das fiel ihr im Laufe der Zeit zusehends schwerer. Abends saßen wir meistens wieder zusammen am Esstisch, wie wir es immer getan hatten.

Am 15. November 2022 erhielten wir per Post den folgenden Ambulanzbrief, den ich der Künstlichen Intelligenz eingegeben habe, um ihn für uns Laien verständlicher zu machen. Dieser Brief führte uns die ernüchternde Erkenntnis vor Augen, dass Christine aus schulmedizinischer Sicht keinerlei Chance hat, diese Erkrankung zu überleben. Nun wussten wir, dass medizinisch für sie nichts getan werden konnte. Sie wünschte sich, ohne Schmerzen und begleitet von ihren Liebsten, sterben zu dürfen.

Der seelische Schmerz berührt meinen Körper; andere Rezeptoren haben wir nicht. Ein Trost ist die Tatsache, dass Christine tatsächlich nicht lange leiden musste. Und dazu hat sie selbst am meisten beigetragen. Sie hat jegliche Weiterbehandlungen mit Strahlen- und Chemotherapie abgelehnt und wollte nicht mit »täglicher Qual und Verzweiflung« weiterleben. Immer wieder betonte sie: »Ich möchte euch nicht zur Last fallen.« Dieser Satz zieht sich wie ein roter Faden durch das Buch. Es gibt solche Sätze, die sehr viel über einen Menschen aussagen. Er begleitete Christine durch ihr Leben. Als kleines Mädchen war sie bei Onkel und Tante auf Schloss Waldleiningen über mehr als drei Jahre geduldet und spürte, dass sie den beiden »nicht zur Last fallen« durfte. Ausgeheult hat sie sich bei Frau Mechler, der Frau des Hausmeisters, und dem Hausmädchen Janti, die sie umarmten, trösteten und lieb hielten, wie sie sich das manchmal auch von Tante Dorle gewünscht hätte.

Eine traurige Gewissheit bedeutete der Ambulanzbrief, den ich mithilfe der KI in verständlicher Sprache wiedergebe:

Diagnosen:
Ein bösartiger, schnell wachsender Tumor im Gehirn (bestimmte Genveränderungen, aber keine anderen speziellen Marker). Verdacht auf einen weiteren Tumor im rechten Stirnlappen, Schwierigkeiten beim Sprechen, Probleme beim Gehen.

Wiederkehrende Schwindelanfälle nach einer speziellen Gewebeprobe vom Gehirn am 19.10.2022.

Sie berichten, dass Sie immer noch unsicher beim Gehen sind und Schwierigkeiten beim Sprechen haben. Es gibt keine Probleme mit dem Finden von Worten. Auch berichten Sie von anhaltendem Schwindel, der bereits beim ersten MRT vor der Diagnose festgestellt wurde. Sie haben keine Kopfschmerzen, Übelkeit oder Erbrechen, aber es scheint, als ob das Schlucken zunehmend schwieriger wird. Ich habe darauf hingewiesen, dass wir dies besonders im Auge behalten müssen, da bei schweren Schluckstörungen Komplikationen wie Lungenentzündungen auftreten können.

In einer speziellen Besprechung (Tumorboard) am 14.11.2022 wurde beschlossen, dass eine Bestrahlung des Gehirns auf beiden Seiten des Kleinhirns notwendig ist. Diese Behandlung soll mit einer speziellen Chemotherapie namens Temodal kombiniert werden. Diese Empfehlung basiert auf einem speziellen Behandlungsschema, das für ältere Patienten angepasst ist.

Christines letzte
66 Tage zu Hause

Christine hatte keinerlei geistige oder kognitive Einbußen. Sie war bei völlig klarem Verstand und hatte die lebensbedrohende Wahrheit nun schwarz auf weiß schriftlich vorliegen. Damit konnte sie viel besser umgehen als ich. Dennoch war deutlich zu spüren, dass ihre Lebenskraft, insbesondere ihre Mobilität, sukzessive abnahm. War es die psychische oder eher die physische Belastung durch den schnell wachsenden, inoperablen, bösartigen Tumor? Christine vermochte immerhin noch die Treppe vom Wohnzimmer in ihr Schlafzimmer im ersten Obergeschoss ohne Hilfe zu bewältigen. Zwar bereitete es ihr einige Schwierigkeiten, doch wenn ich sie begleitete und ganz vorsichtig mit an ihrer Seite ging, klappte das noch recht gut. Sie vermochte auch alleine aus dem Bett aufzustehen und ins Badezimmer zu gehen. Für die Dusche hatten wir einen kleinen Hocker besorgt, auf dem sie sitzend noch alleine ihre Haare waschen konnte.

Besonders bedauerte sie, dass sie nicht mehr lesen konnte. Sie sagte, die Buchstaben würden ihr geradezu wegfliegen, wenn sie auf das Papier schaute – sie konnte sie nicht fixieren. Und das traf sie besonders hart. Einmal sprach sie vom »Glück des Lesens«. Seit frühester Jugend gehörte das Lesen zu ihren größten Leidenschaften. Schon als junges Mädchen durfte sie sich in der Schlossbibliothek von Waldleiningen unter der strengen Aufsicht von Tante Dorle Bücher aussuchen zum Lesen oder auch nur zum Betrachten. Besondere Freude bereitete ihr *Das Große Wilhelm Busch Album*. Jetzt verstand ich auch, woher so manches Zitat in ihren Gesprächen stammte: »Eins, zwei, drei im Sauseschritt …« und noch viele andere.

Ich habe Christine stets in Büchern versunken beobachtet auf einem Liegestuhl im Nachbargarten. Da wurde ich erstmals auf sie aufmerksam. Wie schon zuvor berichtet, studierte sie in ihrer nachberuflichen Zeit mit großem Engagement und Freude Literaturwissenschaften und Geschichte an der TU in Darmstadt. Für Literatur konnte sie sich begeistern. Sie bewunderte insbesondere Sigrid Damm (*7. Dezember 1940 in Gotha), die Literaturwissenschaftlerin und Autorin zahlreicher Schriften über das »Weimarer Viergestirn« Wieland, Goethe, Herder und Schiller, und Christine besaß natürlich alle ihre Bücher. Christine war eine Viel- und Schnellleserin. Besonders interessierten sie Bücher mit historischem Hintergrund. Dazu gehörten auch Bücher über die Geschichte des 20. Jahrhunderts. Eine große Freude hatte sie an Biografien von bedeutenden Persönlichkeiten auch aus anderen Wissensgebieten. Wenn ich heute an ihrem Studierzimmer in unserem Haus vorbeigehe, ich habe alles gelassen und nichts verändert, spüre ich ihre Anwesenheit so stark, als säße sie noch immer dort. Das war auch ihr Rückzugsort zum Lesen, Nachdenken und Schreiben. Sie hatte eine Bibliothek mit vielen Klassikern, aber auch mit modernen Schriftstellern aufgebaut. Christine tat sich mit ihrem großen literarischen Wissen, das sie sich angeeignet hatte, nie hervor. Sie war meine einzige Verbindung zu den Klassikern und zu großer Literatur. Ich habe viele Anregungen für mein Gebiet, der Philosophie mit den großen Denkern, ihr zu verdanken. Wenn Christine ein Buch gelesen hatte, von dem sie glaubte, dass es auch für mich und »meine« Philosophie interessant sein könnte, hat sie mir das hingelegt und gesagt: »Dieter, das ist etwas für dich, das musst du unbedingt lesen.« Wenn ich Christine beim Lesen beobachtete, konnte ich erkennen, wie sich bei ihr etwas veränderte. Das Gesicht entspannte sich, ihr Mund stand leicht offen, sie wirkte zusehends unangreifbar und sonderbar beschützt.

Doch Lesen und Schreiben bereiteten ihr zunehmend Schwierigkeiten durch ihre schwere Erkrankung. Auch das Schreiben gehört zu unseren motorischen Fähigkeiten, die im Kleinhirn verankert sind. Am Nachmittag – während unserer täglichen Teestunde – las ich Christine aus der Frankfurter Allgemeinen Zeitung vor, meistens die Leitartikel auf der ersten Seite und insbesondere aus dem Feuilleton, das sie immer besonders studierte. Ich wusste genau, was sie interessierte, und suchte stets Artikel aus, die irgendwie positiv waren und uns beide aufmunterten. Sie freute sich auch ungemein auf die Besuche unserer beiden Töchter, die beinahe täglich nach ihrer Arbeit zu uns kamen. Wir haben das Glück, solch liebevolle Kinder zu haben, die sich um uns kümmern und auf die wir zählen können.

Wegen Christines Dysarthrie hatten wir eine Logopädin engagiert, die jede Woche zu uns kam und mit ihr Sprechübungen machte. Ich war erstaunt, wie viel Freude Christine dabei hatte. Eine Physiotherapeutin kam auch, doch mit ihr wurde Christine nicht warm, und sie hat ihr dann abgesagt und keine neuen Termine vereinbart. Eine ganz liebevolle Behandlung erhielt sie von Uschi, unserer Masseurin, die seit vielen Jahren zu uns ins Haus kommt und uns wie eine Tochter ans Herz gewachsen ist. Sie hat eine sehr wohltuende Lymphdrainage durchgeführt, da Christine Wasser in den Beinen bekommen hatte, das wahrscheinlich auf das hoch dosierte Kortison-Medikament zurückzuführen war. Auch unsere Podologin kam zu uns, um Christines Füße zu behandeln. Bei unserem Heilpraktiker, der uns beide schon jahrzehntelang betreut, erhielt Christine hochdosierte Vitamin-C-Infusionen, die gezielt zytotoxisch gegen Krebszellen wirken und gesunde Zellen verschonen sollen. Christine tat das alles sehr gut, und wir waren sehr froh, solche lieben, fürsorglichen Menschen gerade jetzt um uns herum zu haben. Christine hatte eine erstaunliche Lebenslust mit ihrem selbst in diesen dunkelsten Stunden nicht zu zerstörenden Optimismus.

Draußen war November, und Christine wünschte sich, dass ich gegen Abend den Kamin anzünde. Der Anblick des Feuers und der Geruch des brennenden Holzes beruhigten sie und ließen sie entspannen. Sie sagte zu mir: »Dickie, mache doch bitte ein Feuer im Kaminofen. Der Anblick der Flammen macht mich angenehm ruhig, ausgeglichen, und ich fühle mich geborgen.« Christine und ich haben uns gegenseitig schon immer »Dickie« genannt, woher das stammt, weiß ich nicht mehr, jedenfalls waren wir beide nie dick. Wenn ich jeden Tag mit ihr spreche, ist sie »mein Dickie oder mein Dickiechen«, obwohl sie nicht mehr physisch bei mir ist. Ihr Vater nannte sie liebevoll immer »mein Tierchen«.

Ich muss es noch einmal aufgreifen: Wie schafft es Christine, derart furchtlos zu sein? Oder handelt sie ganz bewusst so, um unsere Töchter und mich nicht zu belasten?

Es gibt diese berühmte Sentenz: »Je geringer die Zufriedenheit im Leben, desto größer die Angst vor dem Tod.« Ich habe Christine niemals in unserem gemeinsamen Leben unzufrieden erlebt. Sie stellte keine Bedingungen oder forderte nie etwas. Vielleicht ist das die dahinterstehende Wahrheit. Aus der Entwicklungspsychologie wissen wir, wie wichtig und prägend gerade die Zeit bis zum zehnten Lebensjahr eines Kindes für das spätere Leben ist. Christines Jahre auf Schloss Waldleiningen bei Tante und Onkel, ohne ihre Eltern und Brüder, haben sie geduldig, tolerant, rücksichtsvoll und nachsichtig werden lassen. Charaktereigenschaften, die sie ein ganzes Leben beherzigte und auszeichneten.

Wir verbringen unsere Tage nah beieinander, und ich möchte sie am liebsten keinen Moment aus den Augen lassen, ihre Hand halten und nicht loslassen. Wenn ich auch nur kurz außer Haus war, um einzukaufen oder etwas zu besorgen, und dann zurückkehrte, strahlte mich Christine an und freute sich. Über 60 Jahre, seit unserer Jugend, haben wir unser ganzes Leben gemeinsam verbracht, und nun zwingt mich diese schlimme Diagnose, mir ein Leben ohne sie vorzustellen. Das ist für mich entsetzlich, aber das möchte ich Christine nicht sagen. Ich stellte mir immer wieder die Frage, was hatte Christine falsch gemacht, um so etwas ertragen zu müssen. Sie war stets aktiv, lief seit Jahren jeden Morgen vor dem Frühstück ihre Runden im nahegelegenen Wald, besuchte jede Woche seit vielen Jahren unser Sportstudio in Seeheim, wir ernährten uns sehr bewusst, tranken kaum Alkohol und waren beide schlank und fit für unser Alter. Beide wurden wir schon unser ganzes Leben viel jünger aussehend eingeschätzt, als wir waren.

Auch über meine persönliche Lebenssituation gibt es etwas Besonderes zu berichten. Schon mein ganzes Leben
lang plagen mich Bauchschmerzen. Die Beschwerden
variieren in ihrer Intensität. Ich habe bereits zahlreiche
Untersuchungen bei verschiedenen Medizinern hinter
mir. Meine immer wieder auftretende hypochondrische
Neigung ist dabei nicht unbedingt hilfreich. Christines
Bruder, ein Internist mit eigener Praxis in Groß-Umstadt,
der leider viel zu früh verstorben ist, sagte einmal zu mir,
wenn meine gesundheitlichen Probleme wirklich lebensbedrohlich wären, müsste ich längst tot sein. Dennoch
sorgte sich Christine immer um mich, wenn es mir wieder
schlechter ging. In der aktuellen Situation, in der ich mich
um Christine kümmerte, voller Eifer und Freude darüber,
dass ich für sie da sein konnte, hatte ich keinen einzigen
Tag mehr Bauchschmerzen.

Am Samstag, dem 26. November 2022, unserem sechs-
undfünfzigsten Hochzeitstag, wünschte sich Christine ein
ganz besonderes Menü. Im Restaurant »Sitte« bestellte
ich ihr Lieblingsgericht für diese Jahreszeit: Gänsebrust
mit Kartoffelklößen, Rotkohl und Preiselbeeren. Wir genossen jede Minute unseres Mahls, und die Portion war
so großzügig, dass wir am nächsten Tag, dem 1. Advent,
noch einmal davon speisen konnten.

Im Vorjahr, an unserem fünfundfünfzigsten Hochzeitstag, feierten wir, wie fast jedes Jahr zuvor, in unserem
Lieblingshotel am Titisee. Unbeschwert und ahnungslos,
was uns nur ein Jahr später bevorstehen würde, erlebten
wir dort ein einmaliges Winterwunderland, eingehüllt in
eine dicke, unberührte Schneedecke. Es war eine Zeit des
Wohlfühlens und des Glücks, wie das Bild im Anhang
zeigt.

Wir waren erleichtert, dass Christine noch einigermaßen mobil war. Sie konnte sich im Haus bewegen und meisterte die vielen Treppen, doch sie wollte die Wohnung nun nicht mehr verlassen. Mit ein wenig Überredungskunst gelang es mir manchmal, sie zu einem kurzen Spaziergang im Garten an meinem Arm zu bewegen, doch selbst das fiel ihr zunehmend schwerer. Einmal kam ich vom Einkaufen zurück und sah sie am Küchenfenster, wie sie mich anstrahlte, während sie die Küche aufräumte und die Spülmaschine einräumte. Sie lächelte mir zu, und ich konnte in ihren Augen lesen: »Siehst du, das kann ich auch noch.«

Am Mittwoch, dem 7. Dezember 2022, schrieb Christine ihre letzte Nachricht auf ihrem Handy an Freunde und Verwandte. Es fiel ihr schwer, die kleinen Buchstaben auf der Tastatur zu treffen, doch sie brachte es zu Ende. Sie wollte keine Besuche mehr empfangen, außer von unseren Töchtern, Enkeln und Schwiegersöhnen:

»Hallo ihr Lieben, da ich seit meiner OP am Kopf mit einer Biopsie nur sehr eingeschränkt sprechen kann, werde ich nicht mit euch telefonieren, weil ihr mich nicht verstehen würdet. Ich habe einen inoperablen Tumor im Kopf, der durch Chemotherapie oder Bestrahlung nicht verschwinden würde. Ich bin mir klar, was das bedeutet, aber ich bin hier zu Hause bestens versorgt, so habe ich doch meine vertraute Umgebung und fühle mich recht wohl. Das abendliche Telefonieren ist für Dieter auch nicht so einfach, er nimmt dann vieles ins Bett mit und kann nicht schlafen. Nun seid nicht traurig, schaut euch das schöne Geburtstagsbild an, meine Gedanken sind bei euch. Alles Liebe von Christine«

In den folgenden Tagen waren Annette, Steffi und ich damit beschäftigt, die häusliche Pflege zu organisieren. Wir planten die Einstellung einer Haushaltshilfe und kümmerten uns um einen Pflegedienst für Christine. Es war eine Herausforderung, besonders so kurz vor Weihnachten, die richtigen Kontakte zu finden und die notwendigen Anträge auszufüllen. Unser Ziel war es, die Situation zu Hause zu stabilisieren, Christines muskuläre Beweglichkeit und Sprache zu unterstützen und ihre Lebensqualität zu erhalten.

Nur wenige Tage vor Weihnachten hatten wir einen Termin mit unserem langjährigen Notar. Er kam zu uns nach Hause, um eine Vorsorgevollmacht für mich zu protokollieren. Wir saßen zusammen am Tisch und führten vertrauliche Gespräche, wie all die Jahre zuvor. Christine erklärte ihm, dass sie vermutlich nicht mehr lange zu leben habe. Er war tief betroffen und versuchte, uns Mut zuzusprechen.

Unser letztes
Weihnachtsfest

Am Morgen des Heiligen Abends erledigte ich noch einige Besorgungen, während Christine auf dem Sofa lag und gerne in den Garten hinüber zur großen alten Eiche im Nachbargrundstück blickte. Die Eiche hatte bereits alle Blätter abgeworfen, sodass man die Eichhörnchen nun noch besser beobachten konnte. Meine Abwesenheit dauerte nicht lange, doch als ich nach Hause zurückkehrte, fand ich Christine auf dem Boden vor der Kommode im Wohnzimmer. Sie war gestürzt, kam allein nicht mehr auf die Beine und wartete geduldig auf meine Hilfe. Sie hatte versucht, Tischkerzen aus der Kommode zu holen. Zum Glück hatte sie sich nicht ernsthaft verletzt, doch es fehlte ihr die Kraft, wieder aufzustehen und zum Sofa zurückzukehren. Zu sehen, wie der Körper nicht mehr mitspielt, stimmte mich unglaublich traurig.

Das Weihnachtsfest 2022 war anders als alle zuvor. Traditionell verbrachten wir den Heiligabend in unserer Familie abwechselnd bei uns zu Hause, bei Steffi in Pfungstadt oder bei Annette in Darmstadt. Doch in diesem Jahr kamen die Kinder und Enkelkinder an verschiedenen Tagen zu uns. Wir verbrachten nur kurze Augenblicke miteinander, tauschten Geschenke aus, und dann waren wir wieder allein. An Heiligabend holte ich Essen von unserem

Lieblingsitaliener, und das wiederholte sich an den beiden Weihnachtsfeiertagen.

Zu Weihnachten schenkte mir Christine das Kochbuch *5 Zutaten Küche – QUICK & EASY FOOD* von Jamie Oliver, damit ich auch dann noch Inspiration finden würde, falls sie nicht mehr bei mir sein sollte, und damit es mir leichter fiele, für mich allein zu kochen. Dazu schrieb sie eine Liste meiner Lieblingsgerichte mit den passenden Beilagen. Selbst jetzt dachte sie an die Zukunft ohne sie. Auf der beigefügten Weihnachtskarte, deren zittrige Schrift offensichtlich viel Anstrengung erforderte, stand: »Meinem geliebten Schatz, Weihnachten 2022, von Christine.« Tränen stiegen in mir auf, und ich konnte nicht anders, als herauszuplatzen: »Ich werde es nicht verkraften können, ohne dich weiterzuleben, Dickiechen.« Wir saßen eng beieinander auf dem Sofa, und sie zog mich an sich heran, ebenfalls unter Tränen: »Du weißt, dass ich mir immer gewünscht habe, lange bevor wir an das Sterben dachten, vor dir zu gehen. Ich konnte mir nicht vorstellen, ohne dich zu sein. Dieser Wunsch wird mir nun erfüllt. Wie sehr wünschte ich, noch einige Jahre gemeinsam mit dir leben zu können, doch das wird leider nicht mehr möglich sein. Bitte, du musst mich loslassen.« Wir hielten uns fest umschlungen und weinten beide bitterlich.

Christine schlug vor, die Feiertage zu nutzen, um uns gegenseitig an unsere schönsten Erlebnisse im Leben zu erinnern, darüber nachzudenken und zu sprechen. Unsere Kinder hatten eine Liste erstellt, die unsere gemeinsamen Urlaube seit 1967 verzeichnete, als Steffi drei Jahre alt und Annette noch in Christines Bauch war – Christine war damals 20, und ich war 22 Jahre alt. Damals waren wir in Breitnau im Hochschwarzwald mit unserem hellblauen Opel Rekord, unserem ersten Auto, ein Firmenwagen, den ich auch privat nutzen durfte. Es war ein wirklich heißer Sommer in vielerlei Hinsicht: Temperaturen von 33 Grad im Schatten, der Juli galt als der wärmste seit 30 Jahren. Wir verbrachten jeden Tag im Waldschwimmbad, einem eiskalten Naturbad in der Nähe von St. Märgen. Christine genoss es, mit ihrem runden Bauch im kühlen Wasser ihre Runden zu drehen. Diese wundervollen ersten Ferien mit unserer kleinen Familie brachten uns riesige Freude. Von da an machten wir jedes Jahr um die Weihnachtszeit Pläne, wohin es im nächsten Jahr gehen könnte. Diese Erinnerungen sind gerade jetzt ein unbezahlbarer Schatz! Diese Erlebnisse bedeuteten Christine und mir unglaublich viel, und genau davon konnten wir in dieser schweren Zeit zehren. Einen Großteil des Tages verbrachte sie auf der Couch im Wohnzimmer und schaute immer wieder auf die große alte Eiche im Nachbarsgarten. Für mich gibt es kein größeres Vergnügen, als bei ihr zu sitzen und mit ihr zu sprechen. Ich spürte, dass es ihr immer schwerer fiel zu reden. Sie mühte sich sehr und schloss zwischendurch immer wieder die Augen. Wenn ich sie abends ins Bett brachte, lag ich den Großteil der Nacht wach und lauschte angespannt. Auf ihrem Nachttisch hatte ich ihr eine Glocke hingestellt, damit sie läuten konnte, falls sie mich brauchen sollte. Doch sie läutete kein einziges Mal, wie sie das geschafft hat, weiß ich bis heute nicht. Wenn ich morgens zu ihr ins Zimmer kam, wollte sie, dass ich zu ihr ins Bett kuschelte, so wie wir das immer getan hatten. Christine war morgens schön warm, während ich eiskalt war. Sie sagte dann immer: »Du bist ja wieder ein Eisblock.« Wir liebten diesen morgendlichen Ritus. Während sie mich wärmte, besprachen wir alles, was für den Tag anstand. Und das taten wir auch jetzt noch.

In unserem Geschäft arbeiteten wir beide sehr viel und waren wirtschaftlich erfolgreich, was es uns ermöglichte, 1977 in unser eigenes Haus im Stefan-George-Weg einzuziehen. Ein Jahr später erwarben wir das Ferienhaus in Vielbrunn. Das Studium unserer beiden Kinder, Steffi in Heilbronn und Annette in Mainz, unterstützten wir finanziell. Als die beiden flügge wurden, unternahmen wir auch ohne sie ausgedehnte Reisen in ferne Länder wie Alaska anlässlich unserer Silberhochzeit. Oft reisten wir nach Kanada, um Christines älteren Bruder und seine Familie zu besuchen, die auf Vancouver Island wohnen. Wir entdeckten unsere Liebe für die Algarve in Portugal, wohin wir von 1994 bis zum Beginn der Corona-Pandemie 2020 oft zweimal im Jahr reisten. Diese Erfahrungen helfen uns nun, mit dem guten Gefühl zu leben, nichts verpasst zu haben. Das Schicksal war uns viele Jahre wohlgesonnen. Wir waren sehr glücklich miteinander, und nun beginnt ein ernstes, trauriges Leben. Im dritten Teil dieses Buches möchte ich mich mit der Frage auseinandersetzen, was dazu führt, dass ein Leben so wird, wie es wird.

Ein ambulantes Palliativteam kommt nach Hause

Unsere Hausärztin stellte Christine vorsorglich eine Überweisung für die ambulante Palliativmedizin aus, ein medizinischer Bereich, der darauf abzielt, Angst und Schmerzen zu lindern und den Patienten ein möglichst angenehmes Leben zu ermöglichen. Zunächst war geplant, die Betreuung zu Hause durchzuführen. Am 29. Dezember 2022 besuchte uns ein Team der ambulanten Palliativversorgung des Agaplesion Elisabethenstifts – bestehend aus einer Ärztin und einer Assistentin –, um sich mit Christine zu unterhalten. Es war offensichtlich, dass die beiden Damen beeindruckt waren von Christines klarem Verstand, ihren präzisen Antworten und ihrer Entschlossenheit, dem Tod ins Auge zu blicken. Obwohl ihr körperlicher Zustand sich zunehmend verschlechterte, blieb ihr Geist bis in die letzten Tage ihres Lebens hellwach.

Gemeinsam mit unseren Töchtern Annette und Steffi besprachen Christine und ich mit der Palliativärztin, einer warmherzigen und fürsorglichen Frau, Christines gesamte Krankengeschichte. Die Ärztin verschrieb Medikamente für mögliche Symptome, die im Verlauf auftreten könnten. Christine hörte aufmerksam zu, beantwortete alle Fragen und legte sich zwischendurch wieder auf das Sofa, wo sie gelegentlich die Augen schloss. Die Ärztin sprach klare Worte: Ihre Aufgabe sei es sicherzustellen, dass ihre Patienten nicht unnötig leiden und in Frieden, ohne Schmerzen, sterben können. Zu diesem Zeitpunkt glaubten wir noch nicht, dass Christines letzte Tage bereits so nahe bevorstanden. Wir hofften, sie noch einige Wochen, Monate oder sogar Jahre zu Hause gut versorgen zu können, und waren bereit, alles dafür zu tun. Das ambulante Palliativteam versprach, uns Tag und Nacht mit all ihrer Unterstützung zur Seite zu stehen. Noch nie zuvor hatte ich Christine so traurig gesehen; in ihren Augen spiegelten sich tiefe psychische Schmerzen wider.

Christine und ich hatten vereinbart, dass sie so lange wie möglich in ihrer vertrauten Umgebung bleiben sollte. Vom Tag ihrer Rückkehr aus dem Krankenhaus am 25. Oktober bis zum 30. Dezember 2022 waren es siebenundsechzig Tage, in denen ich sie versorgte. Unsere langjährige Haushälterin kam einmal pro Woche, und auch eine Freundin unseres Enkels Vincent hatte sich bereiterklärt zu helfen. Wir hatten bereits in Erwägung gezogen, einen Treppenlift anzuschaffen, um den Weg vom Schlafzimmer im ersten Stock ins Wohnzimmer im Erdgeschoss für Christine zu erleichtern. Nur wenn es gar nicht mehr anders ging und sie rund um die Uhr palliativmedizinisch betreut werden musste, wollte sie in die Palliativstation des Elisabethenstifts umziehen.

Christine auf der Palliativstation im Agaplesion Elisabethenstift

Alles ging viel schneller, als wir es uns hätten vorstellen können. Am Freitag vor Silvester begleitete ich Christine am Morgen ins Badezimmer. Trotz ihrer zunehmenden Schwäche konnte sie den kurzen Weg noch selbstständig mit einem Rollator bewältigen. Ich half ihr, sich vor dem Waschbecken auf den Rollator zu setzen, wo sie mit großer Anstrengung ihre Zähne putzte und sich so gut es ging mit einem Waschlappen wusch. An diesem Morgen war sie ungewöhnlich schwach und wollte schnell zurück ins Bett.

Der Unterschied zu den Tagen zuvor war markant. Bis dahin war Christine in der Lage gewesen, selbstständig aufzustehen und sich anzuziehen. Wir sind immer zusammen die Treppe ins Erdgeschoss hinuntergegangen und haben am Esstisch gefrühstückt. Danach legte sie sich wie gewöhnlich auf das Sofa im Wohnzimmer. Es brach mir das Herz zu sehen, wie sie in den letzten Wochen und Tagen immer müder wurde. Sie verbrachte die meiste Zeit des Tages mit geschlossenen Augen auf dem Sofa, doch ich hatte stets das Gefühl, dass sie alles um sich herum wahrnahm. Sie war nie desorientiert, sondern konnte klar und deutlich mit mir kommunizieren, auch wenn ihr das Sprechen zunehmend schwerer fiel.

Am Morgen, einen Tag vor Silvester, geschah es dann: Auf dem Weg zurück ins Schlafzimmer brach Christine in sich zusammen und konnte sich auch mit meiner Hilfe nicht mehr aufrichten. Ihre Kraft war erschöpft. Sie schloss die Augen und verweigerte jeden Versuch, ihr aufzuhelfen. Ich konnte sie nicht hochheben; sie blieb auf dem Boden liegen. Ihre Beine gehorchten ihr nicht mehr. Es tat mir in der Seele weh. Ich deckte sie mit einer Wolldecke zu, legte ein Kissen unter ihren Kopf und rief verzweifelt unsere beiden Töchter an, um sie um Unterstützung zu bitten. Erleichtert war ich, als sie kurze Zeit später eintrafen. Wir riefen die Palliativstation an und berichteten, was geschehen war. Die Dame am Telefon war erstaunt über die schnelle Verschlimmerung und versprach, sich nach Rücksprache mit ihrem Team zu melden. Nach kurzer Wartezeit erhielten wir die Nachricht, dass es das Beste sei, Christine sofort auf der Palliativstation des Elisabethenstifts stationär aufzunehmen; ein schönes Einzelzimmer sei frei. Die palliative Versorgung wäre rund um die Uhr gewährleistet. Nun war es so weit, worüber wir oft gesprochen hatten: Christine sagte immer: »Wenn ich nicht mehr zu Hause versorgt werden kann, bringt mich in die Palliativstation.«

Wir stimmten zu, und bald darauf erschien der Krankenwagen vor unserem Haus. Christine war sehr still geworden, schaute uns mit traurigen, müden Augen an und ließ alles geschehen. Steffi und Annette zogen sie liebevoll an und packten eine kleine Tasche mit den nötigsten Dingen. Der DRK-Krankenwagen kam mit zwei freundlichen Rettungssanitäterinnen, die mit Christine sprachen und ihr erklärten, dass sie auf einer Transportliege die Treppe hinunter und dann in den Krankenwagen gebracht würde. Die beiden Damen erklärten jeden Schritt ihres Vorgehens, und sie hinterließen einen äußerst kompetenten Eindruck. Christine wurde ein Zugang für eine Infusion gelegt, und auch ein Corona-Schnelltest, der negativ ausfiel, wurde durchgeführt. Temperatur und andere Vitalwerte wurden gemessen, bevor wir uns schließlich von ihr verabschiedeten und der Wagen zur Palliativstation im Elisabethenstift aufbrach.

Ich glaube, Christine war sich genau bewusst, was das bedeutete: Sie würde nie wieder in unser Zuhause zurückkehren. Es war ihr letzter Weg. Über sechzig Jahre hatten wir unser Leben gemeinsam verbracht, davon 44 Jahre in unserem wunderbaren Heim im Stefan-George-Weg. Für uns beide war dies zweifellos einer der schlimmsten Augenblicke unseres Lebens. Christine schwieg, ihre warmen, gütigen braunen Augen blickten so traurig wie nie zuvor. Als ich mich von ihr verabschiedete und sie küsste, zog sie mich ganz dicht an sich heran und flüsterte: »Ich möchte dir nicht zur Last fallen, Dieter, passe gut auf dich auf, ich kann es jetzt nicht mehr.« Ich weinte bitterlich, als ich dem DRK-Wagen nachblickte. Warum nur hat das Schicksal es so gewollt? Warum musste Christine diese unheilbare Krankheit bekommen, an der statistisch nur drei bis sechs von hunderttausend Menschen in Deutschland erkranken? Christine selbst stellte sich diese Fragen nie offen, vielleicht insgeheim, aber sie sprach sie nie vor uns aus. Sie nahm ihr Schicksal an – demütig und friedvoll, wie sie ihr ganzes Leben gelebt hatte.

Am Nachmittag rief mich der Stationsarzt an und stellte viele detaillierte Fragen. Er versicherte mir, dass die

Entscheidung, sie auf der Palliativstation aufzunehmen, sowohl für Christine als auch für uns das Beste war. Schwestern und Pfleger bewunderten ihre außergewöhnliche Haltung. Sie sagten, dass sie selten eine Patientin gesehen hätten, die so ruhig und gefasst war. Sie benötigte keine sedierenden Medikamente oder Schmerzmittel, da sie offenbar weder unruhig noch in Schmerzen war. Eine Schwester sagte, sie habe noch nie erlebt, dass jemand sein Schicksal so würdevoll annehme wie Christine.

In einem späteren Kapitel werde ich darauf zurückkommen. Der Wunsch, »gut zu sterben«, reicht bis zu den griechischen und römischen Philosophen zurück. Christine hatte sich über vier Semester von Herbst 2016 bis Frühjahr 2018 in einem Seminar mit ihrem Philosophielehrer Günther Schopper intensiv mit dem Thema »Das Problem des Todes in der Philosophie« auseinandergesetzt.

Christine wurde auf der Palliativstation in einem Einzelzimmer in der dritten Etage des Elisabethenstiftes mit Blick auf die Mathildenhöhe bestens betreut. Am Silvestermorgen besuchte ich sie. Aufgrund der Corona-Pandemie musste ich an der Pforte einen negativen Corona-Test vorlegen, um das Krankenhaus betreten zu dürfen. Dieser Test war nur für 24 Stunden gültig, sodass ich jeden Tag einen neuen machen musste, bevor ich Christine besuchen konnte. Zum ersten Mal in unserem Leben verbrachten wir den Jahreswechsel nicht zusammen. Für mich war es ein furchtbar trauriger Abend. Den ganzen Tag über saß ich an Christines Bett, hielt ihre Hand und konnte nicht aufhören, sie zu berühren. Der Gedanke, dass uns nur noch wenig Zeit gemeinsam blieb, ließ mich nicht los. Wir wussten beide, dass ihr Leben bald enden würde. Ich hatte große Angst um sie, und zugleich war ich beeindruckt von ihrer inneren Stärke. Noch nie hatte ich sie über die Schrecken ihrer Krankheit klagen hören. Immer wieder kreiste in meinem Kopf der Gedanke, wie bedauerlich es ist, dass wir nicht gemeinsam sterben können. Es war schrecklich mitanzusehen, wie dieser Tumor Christine von Tag zu Tag schwächer werden ließ.

Trotz meiner Traurigkeit war ich sicher, dass Christine in guten Händen war. Den behandelnden Arzt fragte ich, was ein Palliativmediziner genau mache. Er gab eine kurze, prägnante Antwort: »Zuhören! Natürlich sorge ich dafür, dass Beschwerden – Atemnot, Übelkeit, Erbrechen, Verstopfung, Depressionen, Schlafstörungen – gut behandelt und Schmerzen gelindert werden. Aber bei Ihrer Frau spüre ich, dass sie sich nicht gegen ihren Tod wehrt. Und das bedeutet, dass sich ihr Körper nicht wehrt. Dann kann sich auch die Medizin zurückhalten. In vielen Kliniken, die keine Palliativstation haben, wird ein Patient, der nicht mehr isst, künstlich ernährt, und wenn er nicht mehr trinkt, bekommt er eine Infusion. Wenn er nicht mehr richtig atmet, wird er an Sauerstoff angeschlossen. Menschen haben aber einen körpereigenen Mechanismus, der ihre Leiden lindert, und das wird durch intensive Behandlung oft verhindert.«

»Der Tod gehört zum Leben«, schreibt Gian Domenico Borasio, einer der führenden Palliativmediziner Europas, in seinem Buch *Über das Sterben*, das 2011 erschien. Es wurde 2012 von der Zeitschrift *Bild der Wissenschaft* als Wissensbuch des Jahres in der Kategorie »Zündstoff« ausgezeichnet. Borasio, geboren 1962, ist ein italienischer Mediziner und war ordentlicher Professor für Palliativmedizin an den Universitäten München und Lausanne. Er studierte Medizin in München und ist Mitbegründer des Interdisziplinären Zentrums für Palliativmedizin in München, wo er 2004 am Klinikum Großhadern eine Station für Palliativmedizin eröffnete. Von 2006 bis 2011 war er Inhaber des Lehrstuhls für Palliativmedizin an der Universität München und richtete dort 2010 zusätzlich eine Stiftungsprofessur für Spiritual Care ein. Von März 2011 bis September 2023 war Borasio Inhaber des Lehrstuhls für Palliativmedizin an der Universität Lausanne und Leiter der Palliative-Care-Abteilung am Universitätsspital Lausanne.

Christine und ich setzten uns in philosophischen Seminaren intensiv mit dem Thema Tod auseinander. Es ist daher verständlich, dass wir Borasios Buch in unserer Bibliothek stehen haben. Mit einer neuen Perspektive nahm ich es wieder zur Hand und möchte hier genauer darauf eingehen. Viele Menschen wünschen sich einen schnellen Tod im eigenen Bett und während des Schlafes. Doch laut Borasio betrifft dies weniger als fünf Prozent der Bevölkerung. In dem von ihm mitbegründeten Interdisziplinären Zentrum für Palliativmedizin in München setzen Ärzte und das gesamte Behandlungsteam alles daran, dass Schwerkranke nicht nur friedlich sterben dürfen, sondern bis zuletzt ein möglichst beschwerdefreies Leben führen können. Früher, so schreibt Borasio, haben Menschen in ihrer letzten Lebensphase zu Hause immer weniger gegessen und getrunken, sie haben in ihrem eigenen Bett gelegen und sind schließlich wie eine Kerze erloschen.

Die Palliativmedizin ist ein noch junges Teilgebiet der Medizin, das eine großartige Leistung vieler Wissenschaftler darstellt. Ihr Fokus liegt auf Patienten, die an einer unheilbaren Krankheit im fortgeschrittenen Stadium leiden und nur noch eine begrenzte Lebenszeit haben. Ich möchte mich bei all jenen Wissenschaftlern und Ärzten von Herzen bedanken.

»Der Tod ist weiß«, schreibt die Philosophieprofessorin Petra Gehring, »und findet in Krankenhäusern statt.« Doch Borasio geht es um die Wiederentdeckung des natürlichen Todes ohne künstliche Ernährung und Beatmung auf den Intensivstationen von Kliniken. Er fordert eine Parallele zwischen Geburt und Tod. Beide sind physiologische Ereignisse, für die die Natur besondere Programme vorgesehen hat. Diese natürlichen Prozesse verlaufen am besten, wenn sie von Ärzten möglichst wenig gestört und von den Menschen angenommen werden. Borasio plädiert für eine Art »Hebammen« auch für das Sterben. Natürlich gibt es auch Fälle, in denen ärztliche Interventionen notwendig sind, doch der Fokus liegt auf der Begleitung eines natürlichen Sterbeprozesses.

Christine entschied sich bereits kurz nach der lebensbedrohlichen Diagnose – ein inoperabler, bösartiger Tumor – dafür, in einer klar formulierten Patientenverfügung, alle lebensverlängernden Maßnahmen abzulehnen. Diese mutige Entscheidung entsprach ihrem Charakter. Damit stellte Christine sicher, dass sich die Medizin in ihrem Fall zurückhielt. Beim natürlichen Sterben schaltet der Körper auf einen Hungerstoffwechsel um und bildet Ketonkörper, die das Hungergefühl unterdrücken. Als Nächstes versagt die Niere, die Hormone ausschüttet, die wohlig schläfrig machen. Schließlich sorgt der Sauerstoffmangel im Gehirn des Sterbenden für Glücksgefühle.

Das Ende kommt in Sicht

Die Schwestern und Pfleger der Palliativstation zeichneten sich durch außergewöhnliche Fürsorglichkeit und tiefes Mitgefühl aus. Zu jeder Zeit konnte ich auf der Station anrufen, um mich nach Christines Befinden zu erkundigen. Die Palliativstation selbst verfügte über sieben Einzelzimmer, in denen Christine untergebracht war. Abwechselnd saßen Annette, Steffi und ich an ihrem Bett, hielten ihre Hand und versuchten, ihr etwas zu essen zu geben, fast so, wie man ein Baby füttert. Obwohl sie keinen Hunger verspürte, gelang es uns, ihr einige Löffel ihrer geliebten Kartoffelsuppe zu reichen. Als wir sie dann baten, etwas zu trinken, willigte sie ein. Doch schon nach zwei winzigen Schlucken Wasser überkam sie ein heftiger Hustenanfall.

Immer wieder glitt sie in einen dämmerähnlichen Zustand, der etwa eine Viertelstunde anhielt, bevor sie die Augen öffnete und auf ihre Armbanduhr schaute. Mit einem schwachen Hauch sagte sie »13:00 Uhr«, seufzte leise und schloss dann wieder die Augen. Es war, als warte sie auf etwas Unbestimmtes.

Christine war extrem geschwächt und kaum noch fähig zu sprechen, aber wir wussten, dass sie uns hörte. Am Mittwoch, dem 4. Januar 2023, spürte sie meine Anwesenheit. Plötzlich öffnete sie die Augen und versuchte, etwas zu sagen. Ich beugte mich näher zu ihr und hörte sie flüstern: »Danke, dass du da bist. Ich hab dich sehr lieb.«

Ich fragte sie, ob wir gemeinsam das Vaterunser beten sollten, und sie nickte leicht, ihre Augen geschlossen haltend. Während ich leise das Gebet sprach, bewegten sich ihre Lippen lautlos, als würde sie jedes Wort mitsprechen. Gott blieb Christine treu auf ihrem letzten Lebensweg. Er hatte sie von Anfang an durch schwere Zeiten begleitet, angefangen als kleines, mutterseelenallein zurückgelassenes Mädchen auf Schloss Waldleiningen, bis hin zu einem wunderbaren, wenn auch nicht immer einfachen Leben – und nun bis zu ihrem schweren Ende.

Ich hielt ihre Hände fest, bis sie sie mit einer sanften Geste wegschob. An ihren Lippen konnte ich ablesen, was sie sagte: »Dieter, bitte lass mich gehen.« Sie lag ruhig mit geschlossenen Augen im Bett, atmete gleichmäßig und sanft. Dennoch war sie sich meiner Anwesenheit bewusst und antwortete auf Fragen mit einem leichten Nicken oder Kopfschütteln.

Am Freitag, dem 6. Januar 2023, sprach Dr. M. P. mit uns. Er erklärte, dass Christine durch die palliativmedizinische Betreuung von allen Schmerzen, Unruhe und Angst befreit sei. Wir könnten ganz sicher sein, dass sie in Frieden und ohne Qualen ihren letzten Weg antreten würde. Er erklärte uns, dass sie sich bereits in der unmittelbaren Nähe des Sterbeprozesses befände. Annette, Steffi und ich wechselten uns weiterhin ab, um an ihrem Bett zu wachen, doch sie glitt immer tiefer in einen Zustand, der fern von Bewusstsein schien. Seit Kurzem wurden diese Momente der Klarheit von Stunde zu Stunde seltener. Wir streichelten sie, befeuchteten ihre Lippen und Nase. Sie nahm weder Essen noch Trinken mehr zu sich – auch das, was wir ihr in den Tagen zuvor mit viel Mühe eingeflößt hatten, lehnte sie nun ab. In ihrer Patientenverfügung hatte Christine ausdrücklich festgelegt, dass sie keine künstliche Ernährung über eine Sonde wollte. Dr. P. versicherte uns, dass es in Ordnung sei, solange sie selbst nichts verlangte. Auch in den Tagen zuvor hatte sie nichts gefordert, wir hatten ihr dennoch immer wieder kleine Löffel gereicht. Steffi brachte ihre selbst gekochte Kartoffelsuppe mit, weil Christine das »süße Zeug vom Krankenhaus«, wie sie es nannte, nicht mehr mochte. Annette brachte ihren Lieblingsjoghurt mit, doch auch diesen lehnte sie ab. Essen und Trinken spielten keine Rolle mehr für sie.

Wie lange kann ein bereits geschwächter Körper durchhalten, bevor die Organe versagen und das Herz aufhört zu schlagen? Seit der schrecklichen Diagnose stand fest, dass Christine keine Heilungschancen hatte. Die Natur folgte ihrem eigenen Weg und ihren eigenen Regeln, doch das Miterleben dieser Entwicklung war für mich kaum zu ertragen. Jeden Tag schwand sie ein Stück mehr, kam dem Tod näher. Am Freitagabend bat ich Schwester A., eine erfahrene und einfühlsame Pflegerin, mir zu zeigen, wie ich Christine für die Nacht vorbereiten könnte. Sie gab mir Anweisungen, wie und wo ich Christine anfassen durfte. Sie bevorzugte stets ein weiches Kopfkissen, das ich ihr vorsichtig unter den Kopf schob, indem ich sie leicht anhob. Da sie gerne auf der rechten Seite schlief, drehten wir sie behutsam auf diese Seite und legten ihre Beine sanft übereinander. Ihre Füße waren eiskalt, und ich wusste, wie sehr sie das zu Hause im Bett gestört hatte. Schwester A. besorgte eine Wärmflasche, die wir ihr an die Füße legten. Ich verabschiedete mich von Christine, gab ihr einen zärtlichen Gutenachtkuss und versicherte ihr, dass ich am nächsten Morgen früh wieder bei ihr sein würde. Ich bedankte mich bei Schwester A. für ihre liebevolle Unterstützung. Sie meinte, dass es je nach Christines Herzstärke noch eine Weile dauern könnte.

Ein weiteres Mal half ich Schwester A., die erneut Abenddienst hatte, Christine am Samstagabend, dem 7. Januar 2023, für die Nacht fertig zu machen. Sie zeigte mir, wie ich sie auf die Seite legen sollte. Ich cremte ihren Körper behutsam ein, wischte ihr Gesicht feucht ab, benetzte ihren Gaumen mit einem wassergetränkten Tupfer, benutzte Nasenspray für ihre trockene Nase und trug Bepanthen-Nasensalbe auf ihre Lippen auf. Dabei öffnete sie die Augen nicht, aber ich glaube, es war angenehm für sie. Ihre Atmung war ruhig und gleichmäßig, ihr Bäuchlein hob und senkte sich sanft. Auch der Puls war völlig normal. Früher hatte sie aufgrund der hohen Kortisondosen oft einen sehr hohen Puls. Obwohl ich erleichtert war, dass sie nicht mehr so leiden musste, weinte ich, als ich nach Hause fuhr. Ich kann immer noch nicht begreifen, dass es möglicherweise das letzte Mal war, das ich sie lebend gesehen habe. Schon viele Nächte kann ich nicht mehr schlafen, liege stundenlang wach und denke an sie. Ihr Trostspruch, den sie mir so oft in verschiedenen Situationen gesagt hatte, kam mir wieder in den Sinn: »Wenn es so ist, dann ist es eben so und dann soll es einfach so sein.« Ich bete jeden Abend für einen gnädigen Tod für sie. Wenn sie sterben muss und dies nicht mehr durch ein Wunder abwendbar ist, so soll sie doch wenigstens in Ruhe und Frieden einschlafen.

Der Tod tritt ein

Am nächsten Morgen, Sonntag, den 8. Januar 2023, begann der Tag wie jeder andere in dieser schweren Zeit. Um 7:00 Uhr rief ich auf der Palliativstation an, wie es zur Gewohnheit geworden war. Pfleger T., ein besonders einfühlsamer Mensch, nahm das Gespräch entgegen und bat mich, sofort zu kommen. »Ihre Frau macht sich langsam auf den Weg«, sagte er sanft. T., der mir anvertraute, dass er selbst schon einmal einen geliebten Menschen auf der Palliativstation verloren hatte, versuchte, mir in diesen schwierigen Momenten beizustehen.

Als ich ankam, begrüßte mich T. mit der Nachricht, dass Christine eine ruhige Nacht gehabt habe. Er erzählte mir, dass es das erste Mal sei, dass sie am Morgen nicht mehr die Augen öffnete, als er zu ihr ans Bett trat. Für mich lag sie da, genau wie ich sie am Vorabend um 22:00 Uhr verlassen hatte – ruhig, mit gleichmäßigem Atem, der nur gelegentlich durch ein etwas lauteres Geräusch unterbrochen wurde. Besorgt holte ich den Pfleger, der mir erklärte, dass diese Laute von den Atemwegen herkämen, ein normales Phänomen in diesem Stadium. Christine sei zu schwach zum Abhusten oder Schlucken, doch er versicherte mir, dass sie dadurch weder Schmerzen noch Beklemmungen spürte. Eine Ärztin hatte seit dem frühen Morgen bereits mehrmals nach ihr gesehen.

Ich setzte mich neben ihr Bett und konnte den Blick nicht von ihr abwenden. Zur Mittagszeit kam Steffi hinzu, und am frühen Nachmittag gesellte sich Annette zu uns. Wir saßen gemeinsam bei Christine, und obwohl sie die Augen nicht mehr öffnete, war ich überzeugt, dass sie unsere Anwesenheit spürte.

Steffi und ich entschlossen uns, kurz nach draußen zu gehen, um frische Luft zu schnappen. Annette blieb bei Christine und sprach liebevoll zu ihr: »Ich hole mir einen Tee, bin gleich wieder da und lese dir etwas vor.« Sie saß wieder bei ihr, als sie plötzlich bemerkte, dass Christine einen Atemaussetzer hatte, gefolgt von einem tiefen Ein- und Ausatmen. Christine lag auf der linken Seite, von Annette abgewandt. Annette legte sanft ihre Hand auf ihren Kopf und flüsterte: »Mama, alles wird gut, wir sehen uns auf der anderen Seite wieder, gute Reise.« In diesem Moment nahm Christine ihren letzten Atemzug. Annette blieb einige Zeit still bei ihr sitzen, unsicher, ob Christine wirklich gestorben war.

Annette rief uns an und sagte mit bebender Stimme: »Mama hat eben ihren letzten Atemzug getan.« Als wir ins Zimmer zurückkamen, lag Christine friedlich im Bett, ihr Gesichtsausdruck entspannt, ihre Augen geschlossen. Ich beugte mich zu ihr, küsste ihre Stirn und flüsterte leise, dass ich sie sehr liebe und sie für immer in meinem Herzen bewahren werde.

Meine geliebte Christine, die wichtigste Person in meinem Leben seit meinem 16. Lebensjahr, war nicht mehr. Eine Schwester kam herein und fragte Annette und Steffi, ob sie ihre Mutter anziehen möchten. Sie entschieden sich dafür und wählten den rosa Angora-Pullover aus, den Christine so liebte, dazu eine dunkelblaue Hose und ein Paar warme Socken, weil sie oft über kalte Füße klagte.

Wir saßen noch eine Weile bei ihr, bevor wir uns endgültig verabschiedeten. Die Gewissheit, dass ich Christine nie mehr sehen würde, schmerzte tief. Für uns drei begann eine schwierige Zeit, geprägt von Trauer und Selbstzweifeln. Ich fragte mich immer wieder, ob ich genug für sie getan hatte, ob sie die Liebe und Fürsorge gespürt hatte, die wir ihr in ihren letzten Tagen entgegenbrachten. Der Schmerz des Verlusts war überwältigend, und die Erkenntnis, dass ich nichts mehr für sie tun konnte, brachte mich immer wieder an den Rand meiner Kräfte. Tagsüber hielt ich die Tränen zurück, doch abends, allein im Bett, brach der Schmerz aus mir heraus.

Am Sonntag, den 8. Januar 2023, um 15:44 Uhr, schloss Christine nach nur neun Tagen auf der Palliativstation im Agaplesion Elisabethenstift für immer ihre Augen.

Mit den folgenden Bildern halte ich die Erinnerung an meine geliebte Christine für immer lebendig in meinem Herzen. Obwohl der Schmerz des Verlusts tief sitzt, ist meine Liebe zu ihr nur noch stärker geworden. Ich habe das Kostbarste in meinem Leben verloren und trage ihre Abwesenheit jeden Tag mit mir, so gut es geht. Doch durch diese Bilder und die schönen Erinnerungen, die sie in mir wachrufen, fühle ich mich ihr weiterhin verbunden. Das Wichtigste, was mir Christine im Leben gegeben hat, war ihre unerschütterliche Liebe und Zuneigung.

Ich erinnere mich besonders an unseren letzten gemeinsamen Urlaub am Strand von St. Peter-Ording in den ersten elf Tagen des September 2022. Christine war dort so glücklich und zufrieden, überzeugt davon, dass die frische Meeresluft ihr den Kopf freimachen und ihre Schwindelbeschwerden lindern würde. Damals wussten wir noch nicht, wie nah sie dem Lebensende stand. Die Weite des Meeres und der endlose Horizont taten ihr gut und gaben ihr Kraft. In diesen Momenten schien es, als ob nichts auf der Welt uns trennen könnte. Christine hatte ihre Jugend verpasst, doch dabei mich gefunden. Gemeinsam verbrachten wir über sechzig Jahre in einem wunderbaren, erfüllten Leben, geprägt von gegenseitiger Rücksichtnahme, Toleranz, Respekt und Empathie.

Ich schrieb Christine einen Brief in die Ewigkeit:

Meine liebste Christine,

du begleitest mich auf all meinen Wegen, und meine Liebe zu dir ist stärker als je zuvor. Ich frage mich, warum du, wenn ich bei dir am Bett saß, immer wieder auf deine Armbanduhr geschaut hast — so, als ob du auf etwas warten würdest. Was könnte das gewesen sein? Wenn Netti und Steffi bei dir waren, hast du sie oft gefragt: »Wann kommt der Papa?« Und wenn ich da war, fragtest du: »Wann kommen die Mädchen?« Dein Leben lang warst du geduldig und hast mich oft dazu ermutigt, ebenfalls geduldiger zu sein. Du warst der Ruhepol in unserem Leben, immer bedächtig und gelassen, während ich oft ungeduldig voranstürmte. Jetzt denke ich oft an deine Worte und profitiere davon, selbst wenn du nicht mehr physisch bei mir bist. Meine Gedanken sind Tag und Nacht bei dir, und ich spüre, dass ich mich weiterhin mit dir austauschen kann. Ich weiß genau, wie du in verschiedenen Situationen reagiert hättest – das haben wir über sechzig Jahre lang eingeübt. Du bist in meinem Herzen und meinem Verstand, mein Schutzengel, der mich leitet und auf mich aufpasst. Ich bin dir so dankbar für die wunderbare Zeit, die wir gemeinsam hatten.

Liebste Christine, deine Tapferkeit in den schweren Tagen deiner Krankheit hat mich tief bewegt. Es ist schwer zu verstehen, warum du diese unheilbare Krankheit ertragen musstest, aber ich bewundere deine Kraft und deinen Mut, das alles ohne ein einziges Wort des Klagens durchzustehen. Ich kann nur erahnen, wie schwer es für dich gewesen sein muss, und bin dankbar, dass ich an deiner Seite sein durfte.

Dein fester Glaube an Gott, den du trotz allem bewahrt hast, zeigt, wie tief verwurzelt deine Überzeugungen waren. Du warst ein einzigartiger Mensch – warmherzig, verständnisvoll, intelligent, liebevoll und tolerant gegenüber allen. Ich werde dich so in Erinnerung behalten, wie du immer warst: voller Liebe, Fürsorge und Vergebung. Du warst nicht nur meine Ehefrau und Partnerin, sondern auch mein bester Freund. Dein Tod hat mich zutiefst getroffen und mir deine Bedeutung in meinem Leben noch deutlicher gemacht.

Ich danke dir von ganzem Herzen für unser wunderbares Zusammenleben und dafür, dass du mir auch nach deinem Tod Halt gibst und mich deine Liebe spüren lässt.

In Liebe und Dankbarkeit,
Dein Dieter

Christines Trauerfeier

M an lebt zweimal: das erste Mal in der Wirklichkeit, das zweite Mal in der Erinnerung. Es gibt Menschen, die wir in der Erde begraben, aber andere, die wir besonders zärtlich lieben, sind in unser Herz gebettet. Die Erinnerung an sie mischt sich täglich in unser Tun und Trachten. Wir denken an sie, wie wir atmen; sie haben in unserer Seele eine neue Gestalt angenommen, die im Reich der Liebe herrscht«, schreibt Honoré de Balzac und spricht mir aus dem Herzen.

Seit Christines Tod fühle ich mich allein – wie nie zuvor in meinem Leben. Tagsüber funktioniere ich und bin beschäftigt mit der Organisation nach ihrem Ableben. Doch wenn ich abends die Treppe hinauf in mein Schlafzimmer gehe, versuche ich, mein Elend zu lindern, indem ich meine Gedanken auf das Bevorstehende lenke. Die Beisetzung findet in zehn Tagen statt, am Mittwoch, dem 18. Januar 2023. Christine und ich hatten uns vor vier Jahren ein Grab auf dem Alten Friedhof an der Nieder-Ramstädter-Straße ausgesucht. Dieser Friedhof gefiel uns mit seinem alten Baumbestand. Wir wählten ein Grab unter einer alten, hohen Eiche aus, auf dem damals gerade zwei Eichhörnchen ohne Ängstlichkeit vor uns Fangen spielten. Da wir beide eine Erdbestattung für uns vorgesehen hatten, passte das alles sehr gut. Christines Grundhaltung, »bloß niemandem zur Last zu fallen«, war schon damals der Grund, warum wir die Einzelheiten unserer Beerdigung festlegen wollten, um nicht dem überlebenden Partner oder unseren Kindern solche Aufgaben zu überlassen.

Zusammen mit meinen Töchtern kümmerte ich mich um die Details mit dem Bestattungsunternehmer. Wir haben allen Verwandten, Freunden, Bekannten und Nachbarn einen Trauerbrief gesendet:

Dieter Heymann · Stefan-George-Weg 33 · 64285 Darmstadt

»Das Bewusstsein eines erfüllten Lebens und die Erinnerung an viele gute Stunden sind das größte Glück auf Erden«
(Marcus Tullius Cicero 106–43 v. Chr.)

Christine hat ihre schwere Krankheit voller Tapferkeit, mit großem Mut und bewundernswerter Gelassenheit getragen. Sie sah stets das Positive und ermunterte uns, positiv zu bleiben. Wir haben das Beste verloren, was uns im Leben geschehen konnte.

Christine Johanna Heymann
*26. April 1947 † 8. Januar 2023

Dieter Heymann
Stefanie und Bernd Wührer
mit Julius und Benjamin

Annette Heymann und Thorsten Herrmann
mit Vincent

Wolfgang und Wilma Höfgen
mit Christopher und Peter

Die Beerdigung findet am 18. Januar 2023 um
13:00 Uhr auf dem Alten Friedhof, Herdweg 105
in Darmstadt, statt. Trauergottesdienst:
Pfarrer Hanno Wille-Boysen
Musik: Ludwig van Beethoven,
Klaviersonate Nr. 14 cis-moll op. 27 No. 2
»Mondscheinsonate«
Wir bitten, von Beileidsbekundungen
am Grab abzusehen.
Wir freuen uns über ihr zugedachte Blumen,
aber auch über eine Spende an
AGAPLESION ELISABETHENSTIFT
»Zentrum für Palliativmedizin«
Bank für Sozialwirtschaft,
IBAN DE44 5502 0500 0004 6065 00
Beerdigung Christine Heymann

Den Trauergottesdienst gestaltete Pfarrer Wille-Boysen,
den Christine besonders gern mochte. Er hatte unseren
Enkel Vincent in der Pauluskirche konfirmiert, und wie oft
haben wir seine Predigten an Heiligabend geschätzt. Wir
hatten ihn in der Evangelischen Kirchengemeinde Darm-
stadt-Eberstadt-Süd gesucht und gefunden. Dabei war uns
der Zufall oder das Glück hold, denn er stand kurz vor
seinem Umzug nach Mailand, wo er eine neue Gemeinde
übernehmen sollte. Wenige Tage vor seiner Abreise nach
Italien konnte er noch Christines Wunsch erfüllen. Wir
saßen einige Stunden mit ihm zusammen und erzählten
ihm von ihrem Leben. Seine einfühlsamen Worte während
des Gottesdienstes konnte ich kaum wahrnehmen; er hat

sie mir später schriftlich zur Verfügung gestellt. Sie sind so großartig, dass ich sie nachfolgend wiedergeben möchte.

Die Musik für die Trauerfeier war Christines Lieblingssonate von Ludwig van Beethoven, die Mondscheinsonate. Diese Sonate musste ihr Vater an ihren Geburtstagen jahrzehntelang auf unserem Klavier für sie spielen. Das andere Musikstück war »Air« aus der Suite Nr. 3 in D-Dur von Johann Sebastian Bach. Ich war so gelähmt vor Schmerz, dass ich still wie eine Statue auf meinem Stuhl saß. Danach wurde der Sarg zum Grab gebracht, und wir folgten ihm gemeinsam mit der Trauergemeinde. Der Sarg wurde langsam in die Grube gesenkt. Ich kann mich kaum an die Besucher erinnern, die in einer langen Schlange still Abschied nahmen. Obwohl wir im Trauerbrief gebeten hatten, am Grab auf Beileidsbekundungen zu verzichten, ließen es sich einige nicht nehmen und schüttelten mir die Hand. Wir sind dann bald zu uns nach Hause aufgebrochen. Im engsten Familienkreis waren wir noch einige Stunden zusammen, und auch Pfarrer Wille-Boysen kam dazu. Immer wieder musste ich an den Sarg in der kalten, dunklen Erde denken. Und daran, dass ich keine Christine mehr habe, die an meinem Bett sitzen wird, wenn ich sterbe.

Traueransprache
Pfarrer Wille-Boysen

Pfarrer Hanno Wille-Boysen, Traueransprache am 18. Januar 2023 in der Trauerhalle des Alten Friedhofes für Christine Johanna Heymann, geb. Höfgen * 26. April 1947, † 8. Januar 2023

Abschied nehmen, das heißt auch Erinnern – oder, vielleicht besser noch: Vergegenwärtigen – also Bilder und Gedanken in das »Jetzt« hineinlassen, die uns binden und verbinden, ja auch über den Tod hinaus verbinden mit dem Menschen, der nicht mehr da ist, der nicht mehr so da ist, wie er uns vertraut und nahe war. Abschied nehmen, das heißt auf diese Weise trennen und unterscheiden lernen zu dürfen zwischen dem, was wir loslassen müssen, weil wir es nicht festhalten können, und dem, was uns nichts und niemand nehmen kann, auch nicht der Tod.

Ich möchte Sie mit ein paar wenigen Blitzlichtern und Eindrücken aus unserem schönen und intensiven Gespräch am letzten Freitag dazu einladen, Ihre eigenen Bilder, Ihre eigenen Gedanken wach werden zu lassen und sich auch im Loslassenmüssen des Bleibenden zu vergewissern.

Ich beginne mit meinen Blitzlichtern am 26.4.1947, zwei Jahre nach dem Ende des Krieges, in den Trümmern Dresdens – da wird Christine Johanna Höfgen geboren. Als Jüngste von Dreien, das einzige Mädchen.

Der Vater war 1946 aus der Kriegsgefangenschaft zurückgekehrt und hatte eine Stelle an der Semperoper bekommen, mit der er die Familie ernähren konnte; so begann ihre Kindheit in dieser Nachkriegszeit, in die sich dann freilich bald die nächsten grauen Wolken des sich zuspitzenden Konfliktes zwischen den politischen Systemen schieben sollten.

Und die wirkten sich auch auf Familie Höfgen aus: Die Stasi drängte den Vater, Teil dieses politischen Systems zu werden, Informationen und Stimmungen aus seinem beruflichen Umfeld weiterzugeben – was er aber nicht wollte –, und um dem wachsenden Druck zu entgehen, entwickelte er dann mit seiner Frau einen komplizierten Plan, um in den Westen umsiedeln zu können. Und diesen Plan setzten sie auch um.

Ein Teil dieses Planes aber war, dass Christine nach einem nicht offiziellen Besuch im Westen nicht mit der Mutter und den Geschwistern zurück nach Dresden fahren, sondern stattdessen in Waldleiningen bei Onkel und Tante bleiben sollte. Und so kam es: Drei Jahre, drei lange Jahre lebte Christine dort. Mit seltenen Besuchen des Vaters, quasi keinem Kontakt zu Mutter und Brüdern. Von Tante und Onkel mehr geduldet als geliebt, erzogen und umsorgt von einem Kindermädchen – nein, beileibe nicht wirklich das, was man einen wahr gewordenen Traum von der Prinzessin im Märchenschloss nennen könnte.

Die Ausflüge mit Tante Dorle nach Amorbach – mit Kakao und Kuchen – und das eigene Bilderbuch – sie zählen aus dieser Zeit zu den schönen Erinnerungen. Anderes freilich prägt tiefer und wirkt sich aus auf Christines Haltung zum Leben. – Zum einen: Streit vermeiden, wo immer es irgendwie geht, sich in das Gegebene einpassen, wenn es irgend möglich ist, keinesfalls zur Last fallen und keinen Anlass zum Ärger geben – ja, all diese kindlichen Schutzmechanismen scheinen immer durch – und auch dieses bleibt ihr zeitlebens ein Mantra: Im Zweifelsfall gilt: »Vergeben ist besser als vergelten.«

Und auf der anderen Seite: Nichts ist so wichtig, wie in Verbindung bleiben zu können mit denen, die einem wichtig sind. Und so wird auch dies eine ständige Aufgabe: die Familie zusammenzuhalten, auch über weite Entfernungen, natürlich auch bis nach Kanada. Und nicht nur die Familie, sondern auch Freundschaften zu pflegen, Fäden auch nach Längerem wieder aufzugreifen, dafür zu sorgen, dass verbunden bleibt oder wieder verbunden wird, was sich nicht verliert, was für sie zusammengehört.

Aber noch einmal zurück zu dem Mädchen zwischen den Nachkriegswelten: Dass dann auch für sie wirklich wieder zusammenkommt und nicht endgültig verloren geht, was zusammengehört, ereignet sich für Christine nach drei langen Jahren. Da endlich können auch die Mutter und die Brüder aussiedeln und man findet zusammen 1957 eine neue Heimat hier in Darmstadt, der Vater findet ein Haus.

An ihrem 75. Geburtstag sagt sie: »Dafür bin ich ihm heute noch dankbar. Es war ein Haus mit einem schönen großen Garten und einem Nachbarhaus, aus dem jeden Tag herrliche Klaviermusik klang, und mit jedem Tag mehr verliebte ich mich in den Klavierspieler. Wie das ausgegangen ist, seht ihr ja alle.«

Ja, wir wissen es alle und erzählen es trotzdem noch einmal: dass sich der Klavierspieler aus dem Nachbarhaus, ein sehr junger Mann mit Namen Dieter Heymann, zum Glück auch in sie verliebte und dass die beiden so ein wunderbares, aber auch sehr junges Liebespaar wurden.

Beide gingen noch zur Schule und für beide hatte die fast zwanghaft normierte Gesellschaftsordnung der 60er-Jahre klare Pläne. Töchter machen erst mal einen mittleren Schulabschluss und dann vielleicht noch mal was Weiterführendes oder lieber vielleicht eine Ausbildung, Söhne übernehmen die Geschäfte ihrer Väter.

Aber die Liebe ist nun mal (und wir wissen das nicht erst seit der Weihnachtsgeschichte) der geborene Feind jeder normierten Gesellschaft. Vor allem dann, wenn sie, wie zwischen Christine und Dieter, nicht negierbar und einfach übergehbar bleibt, sondern wenn sie im besten Sinne Früchte trägt, diese Liebe. Und so ist es auch in diesem Fall: Christine wird schwanger. Und obwohl sich damit quasi ein Stück Familiengeschichte wiederholt, erleben die beiden nur sehr begrenztes Verständnis für ihre Situation: Alles wird so geregelt, dass möglichst niemand vor Nachbarn oder Kundinnen das Gesicht verliert.

Die Zeit der Schwangerschaft wird irgendwie überstanden, danach findet man einen Ort, wo das Kind gut untergebracht ist – und zwischen den Vätern wird verhandelt, wer für was die Kosten übernimmt. So sind sie, die Sechzigerjahre – und so beginnt die Familienzeit für Heymanns und die kleine Stefanie leider eher als eine Prüfung denn als ein Fest, das es doch eigentlich sein müsste.

Zwei Jahre dauert es, bis die junge Familie dann endlich auch miteinander leben kann: Im Spätherbst 1966 heiraten Christine und Dieter in der Pauluskirche und ziehen dann auch endlich mit Stefanie zusammen in ihre eigene Wohnung. Und zum Glück hat die Liebe der beiden diese schwere und bittere Zeit gut überstanden – wie ein Beweis dafür kommt bald Annette zur Welt und vollendet das Familienglück. Ja, Familienglück und Familienzeit, jetzt aber wirklich. Und in das weiter wachsende Darmstadt hinein wachsen auch die vier Heymanns miteinander und aneinander.

Christine, die eine Lehre als Arzthelferin gemacht hatte, steigt mit Dieter in die Firma ein, 1970 ist die Generationenübergabe, 33 Jahre, 33 lange Jahre arbeiten sie dort zusammen.

Familienbilder und Erinnerungen aus dieser Zeit, die so rasend vergangen ist: Momentaufnahmen von Urlauben, an einem der Kärntner Seen, mit den Freunden, mit denen man sich oft schon für das nächste Jahr verabredete; Skifahren im Schwarzwald mit kalten Fingern und diesen riesigen schweren Brettern an den Füßen – Alltagsmomente, Abende, Wochenenden, Gespräche, die kleinen und großen Veränderungen, Umzüge, das Häuschen im Odenwald – so aufgezählt wird es dann doch viel und erzählt schon in Andeutungen von einer erfüllten Zeit.

Und einmal wetteifern auch die große Weltgeschichte und die kleine Familiengeschichte in ihrer Dramatik miteinander: Da steht Anemone am Ende eines Familienfestes im Wohnzimmer und erklärt, dass sie nicht zurückgeht in den Osten – und natürlich bleibt sie und bekommt eines der Zimmer – und dann gehen tatsächlich die Grenzen auf und Anemones Partner kommt über Ungarn in den Westen – so ist die Erinnerung – und das Paar, die werdenden blutjungen Eltern, sind vereint. Warum ich das erzähle? Weil es doch erstaunlich ist, in wie vielen Spielarten die Geschichten sich ähneln ... und wie sie dann eben doch auch immer – und immer anders – weitergehen.

Und weiter geht die Geschichte auch im Kleinen. Mit Abschieden, aber eben auch mit Begrüßungen – das Stichwort heißt »Enkelkinder«! Julius, Benjamin, Vincent – was für eine wunderbare neue Rolle, was für eine schöne neue Verantwortung – und was für eine schöne Möglichkeit, zu zeigen, dass man da ist und vor allem dann da ist, wenn man gebraucht wird – bei kleinen Anlässen ebenso wie bei großen Krisen. Ja, kein Wunder, dass dabei ganz besondere Enkel-Oma-Beziehungen entstehen, oder?

Ab 2004 dann auch die Reisen mit der großen Familie – jedes Jahr ein Ziel, angefangen in Hamburg, dann zuletzt, war es 2015?, sogar in Rom. Wie schön, dass all das möglich war, dass man sich diese Zeit miteinander gegönnt hat, diese Bilder als Schatz in sich tragen darf. Vieles davon war ja auch möglich geworden, weil sich 2003 für Dieter und Christine noch einmal ein ganz großer Lebenstraum verwirklichen ließ: der Abschied vom Geschäft nach 33 Jahren und dann noch einmal neu anfangen können mit dem, wonach sich die Seele immer gesehnt hat: Studieren. Philosophie, Geschichte, Literatur, mit prallen Stundenplänen! – und abends erzählen, was man an Spannendem und Neuem gelernt und diskutiert hat. Und Klavier spielen, auch das! – ein bisschen im Geheimen zu Beginn, das kritische Ohr des alten Vaters sollte die Freude nicht mindern.

Und schließlich doch noch ein ganz besonderes Ereignis, das im Nachhinein auf besondere Weise zu denken gibt: der 75. Geburtstag. Entgegen des Gewohnten sollte es ein großes Fest werden mit der ganzen Familie – und sie selbst setzte ganz viel daran, dass es das auch wurde, dass nicht nur dieser Tag – na gut, ein bisschen versetzt auf den 8. Mai 2022 – ein wunderbarer Sonntag wurde, sondern dass er sich mit diesen schönen Fotos, auf denen alle zusammen sonnenbeschienen strahlen und lachen, auch weiterträgt als besonderer Moment – und ja, jetzt dann eben auch als besondere Erinnerung und fast wie ein Vermächtnis, ein Appell: Bleibt verbunden!

Eine Einladung, kein Befehl, das wäre nicht ihr Stil. Aber ein besonderer Hinweis auf das, was ihr eben am wichtigsten war, auch, weil sie erlebt hat, wie furchtbar es ist, darauf verzichten zu müssen: das Miteinander, die Freude aneinander, die Dankbarkeit füreinander. Und das Wissen und die Erfahrung darum, dass eben immer wieder zusammenfinden kann, was zusammengehört, weil es in einer Liebe verbunden ist, die auch trennende Augenblicke überwindet.

Ja, so ist es. Und zwar nicht nur in dieser Welt, sondern auch darüber hinaus. Es ist die Kraft dieser Liebe, die über uns hinausweist, die sie weiter miteinander verbinden wird, die Kraft der Liebe, die wir Christen Gott nennen dürfen und von der wir spüren und uns erzählen dürfen, dass sie uns auf wundersame Weise trägt und bewahrt – im Leben, im Sterben, im Tod und über den Tod hinaus.

Und von der Paulus im Römerbrief sagen kann: Ich bin gewiss, dass weder Tod noch Leben, weder Engel noch Mächte noch Gewalten, weder Gegenwärtiges noch Zukünftiges, weder Hohes noch Tiefes noch irgendeine andere Kreatur uns scheiden kann von der Liebe Gottes, die in Christus Jesus ist, unserm Herrn. (Röm 8, 38 f)

Im Vertrauen auf diese Liebe dürfen wir leben. Und im Vertrauen auf diese Liebe dürfen und können wir auch Abschied von diesem Leben nehmen, wenn es der Moment von uns verlangt.

Amen.

Christine und
ihr Philosophielehrer

In einem vorangegangenen Kapitel hatte ich bereits von Christines tiefem Interesse an den Philosophieseminaren von Günther Schopper berichtet. Im Wintersemester 2007 begann Günther Schopper seine Philosophieseminare vierzehntägig montagsvormittags in der Akademie 55plus in Darmstadt mit dem Thema »Lesen und Verstehen philosophischer Texte von der Antike bis in die Neuzeit«. Dieser Kurs hatte eine große Resonanz und lief über vier Semester. Mit dem Wintersemester 2009 stand ein neues Thema »Ethik in der Medizin« in der Psychiatrie und Psychotherapie zur Diskussion, mit Begriffen wie Arzt-Patienten-Verhältnis, Sterbehilfe, Transplantationsmedizin, Todesbegriff und Humangenetik im Mittelpunkt. Diese Thematik erfreute sich nicht so großer Begeisterung, sodass im Sommersemester 2011 wieder zum Lektürekurs für philosophische Texte zurückgekehrt wurde. Texte von Platon, Aristoteles, Seneca, Machiavelli, Hobbes, Kant, Marx, Nietzsche, Camus und Sartre standen im Mittelpunkt. Im Wintersemester 2012 ging es weiter mit einem neuen Thema »Philosophische Texte zur Menschenwürde«, einem breiten Überblick über die religiöse, philosophische, politische und rechtliche Entwicklung der Idee von der Würde des Menschen – von der Antike von Platon und Aristoteles bis hin in die unmittelbare Gegenwart. Es wurde sehr ausführlich darüber diskutiert, ob Philosophen meinen, Menschenwürde sei eine Illusion.

Doch auf Wunsch der Interessierten wurde ab dem Sommersemester wieder zum vorherigen Thema »Ethik in der Medizin« zurückgekehrt, bei dem die umfangreichen Fragen noch nicht alle ausführlich besprochen waren.

Über vier Semester hinweg, vom Wintersemester 2016 bis zum Sommersemester 2018, erkundete Christine gemeinsam mit Mitgliedern der Akademie 55plus unter der inspirierenden und subtilen Leitung von Günther Schopper noch ein weiteres Mal das tiefgründige Thema »Das Problem des Todes in der Philosophie«. Dieses faszinierende Unterfangen basierte auf dem Reclambuch »Der Tod, philosophische Texte von der Antike bis zur Gegenwart«. Die Seminarankündigung versprach die gemeinsame Lektüre und Diskussion bedeutender Texte von Plato, Seneca, Hume, Feuerbach, Schopenhauer, Jaspers und Sartre. In der Einführung des Buches wurde betont, dass Tod und Sterblichkeit aufgrund ihrer existenziellen Bedeutsamkeit eine herausragende Stellung unter den vielen Themen einnehmen, mit denen sich die Philosophie auseinandersetzt. Die Furcht vor dem Ende des Lebens und die Ungewissheit darüber, was nach dem Tod kommen würde, haben die Menschen seit jeher beunruhigt, bedrückt oder gequält. Die Diskussionen über das philosophische Konzept des Todes fanden nicht nur in den Seminarräumen statt, sondern durchzogen auch die Gespräche zwischen Christine und mir bei uns zu Hause. Da ich mich ebenfalls parallel auch mit diesem umfangreichen Themenkomplex »Vom Werden und Vergehen« bei der Philosophieprofessorin Petra Gehring in der TU Darmstadt beschäftigte, freute ich mich, mit Christine darüber auf Augenhöhe diskutieren zu können. Wahrscheinlich hat sie diese Philosophieseminare nur deshalb besucht. Ich hörte, wie sie einmal sagte, mit einem Philosophen verheiratet zu sein, sei nicht einfach, sie müsse unbedingt etwas unternehmen, um dem gewachsen zu sein. Wir hatten in unseren Gesprächen viele Gemeinsamkeiten. Wir redeten manchmal auch über Philosophie, aber dazu gehörte auch, dem anderen zu widersprechen, auf seine Standpunkte einzugehen und ihn herauszufordern. Sie konnte immer unheimlich gut zuhören. Es war eine Freude, mit ihr zu diskutieren, wir hatten uns gegenseitig sehr viel zu sagen. Langeweile kam da nie auf.

Beim Schreiben dieses Buches bin ich durch Christines Mitschriften aus ihrer Studienzeit tief in ihre Gedankenwelt eingetaucht. Ihre zahlreichen handschriftlichen seitlichen Anmerkungen sowie ihre Unterstreichungen in ihren Fachbüchern gewährten mir Einblick in ihre ganz eigene Auseinandersetzung mit den Themen. Christine bewunderte stets die einfühlsame Art ihres Philosophielehrers Günther Schopper, geduldig zuzuhören, Diskussionen sachlich zu kommentieren und Meinungen geschickt miteinander zu verweben. Es erfüllte uns mit tiefem Bedauern, als wir von Günther Schoppers schwerer Erkrankung erfuhren und dass er die Seminare nicht mehr durchführen konnte.

Das Schicksal sollte eine sonderbare Wendung nehmen, die ich kaum begreifen konnte. Die geistige Verbindung zwischen Christine und ihrem Philosophielehrer schien über das rein Lehrende hinauszugehen. Es war, als hätten ihre Seelen eine Verbindung geschaffen, die über den Unterrichtsstoff hinausreichte. Als ich vom schicksalhaften Tod von Günther Schopper erfuhr, der am gleichen Tag,

dem 8. Januar 2023, eintrat wie der von Christine, drängte sich der Begriff der »Seelenverwandtschaft« auf. Es
war, als hätten ihre Lebensuhrwerke im gleichen Rhyth-
mus aufgehört zu schlagen.

Teil III

Der Tod in der Philosophie

Vielleicht kommen wir jetzt dem Geheimnis auf die Spur, woher Christine ihre Kraft und ihren Gleichmut nahm, um keine Angst vor dem Tod zu haben. Als klar wurde, dass keine Chance auf Heilung bestand, nahm sie ihr Schicksal an. Beim Schreiben ist mir bewusst geworden, wie Christine über zwei Jahre hinweg eine ganz persönliche Einstellung zu diesem Thema entwickelt hatte. Die philosophische Auseinandersetzung mit dem »Werden und Vergehen«, wie es bei Hegel nachzulesen ist und mit dem ich mich in meinem Buch *Fröhlich altern* sehr gründlich auseinandergesetzt habe, sollte uns helfen, die Furcht vor dem Tod zu mindern, sodass wir das Ende des Lebens, wenn es naht, mit Gelassenheit erwarten können. Dazu hat sicher auch der von Günther Schopper gelebte Stoizismus beigetragen. Der Gedanke, dass man die Schrecken des Todes durch die Vergegenwärtigung der eigenen Sterblichkeit mindern kann, findet sich insbesondere bei vielen Autoren der Stoa. Der römische Philosoph Seneca, beeinflusst von Sokrates, Platon, Epikur, Zenon von Kition, Ovid und anderen, gab seinem Schüler Lucilius den Rat: »Denke immerhin ständig an den Tod, dann brauchst du ihn niemals zu fürchten.« Montaigne meint nach Sokrates, wer die Menschen sterben lehre, würde sie leben lehren. Wir sollen uns immer wieder bewusst machen, dass wir sterben werden, weil uns dies dabei helfen wird, richtig zu leben.

Unser großer deutscher Philosoph Immanuel Kant behandelt den Tod in seinen Werken eher selten. Kant schreibt: »(…) der Tod ist ein körperliches Faktum und lehrt nichts. Du bist Erde und sollst zu Erde werden. Jede Ursache des natürlichen Todes ist eine Krankheit, ein körperlicher Defekt, ein Mangel. Man kann kaum gesund sterben; das hat die Natur so eingerichtet.« Kant fordert ganz pragmatisch, man müsse seinen Tod standhaft erwarten; er sei nicht zu vermeiden, und sich ständig in seinem Leben darüber Sorgen zu machen, sei unnötig und unwürdig. Als Agnostiker sah Kant keine Auferstehung des Körpers und schon gar keine Fortexistenz der Seele. Es war ein lakonisches, eher wortkarges Sich-Fügen in eine unabänderliche Tatsache, ohne Entwicklung jeglicher Analogien. Diese Zeilen stammen aus meinem Buch »Fröhlich altern«. Als es 2014 erschienen ist, hätte ich mir nicht vorstellen können, wie wichtig dieses Kapitel jetzt für mich geworden ist. Wie sehr habe ich es damals genossen, dieses, mein erstes Buch überhaupt, zu schreiben. Und wie glücklich war ich, wenn ich wieder ein Kapitel Christine zum Lesen geben konnte und wir hinterher stundenlang, oft tagelang, über manche Textstellen diskutiert haben. Mehrmals schon habe ich in den letzten Wochen daran denken müssen und das Kapitel über den Tod unter dem Thema *Vom Werden und Vergehen* gelesen und jedes Mal festgestellt, wie tröstlich die berühmte Schrift von Aristoteles mit dem Originaltitel *De generatione et corruptione*, über Entstehen und Vergehen, auf mich wirkt. Im Gedenken an Christine kommen mir dabei die Tränen.

Der römische Philosoph Seneca, der bekannteste Vertreter der stoischen Philosophie, kritisierte in seiner Schrift *De brevitate vitae*, über die Kürze des Lebens, dass viele die

Kürze des Lebens als »Missgunst der Natur« beklagen. Denn man kann im Leben Großes schaffen, wenn man sich zu konzentrieren weiß und die Dinge in Muße (lat. otium) erwägt. Er meint, wer sich von der hektischen Betriebsamkeit der Welt beherrschen lässt (lat. occupatio), verliert sich selbst, und das Leben erscheint ihm stets zu kurz. Ein selbstbestimmtes Leben hingegen, das auf rechte Weise »zu leben und zu sterben weiß«, ist niemals zu kurz. In meinem philosophischen Jahreskalender, der im Auftrag der Wochenzeitung *Die Zeit* herausgegeben wird, habe ich ein passendes Zitat von Seneca zum Thema Lebenszeit gelesen: »Wir haben aber nicht wenig Zeit, wir haben viel vergeudet. Hinreichend lang ist das Leben und großzügig bemessen, um Gewaltiges zu vollbringen, würde man es im Ganzen nur richtig investieren.« Christine und ich haben uns bei diesem Zitat schon vor langer Zeit einmal gefragt, ob wir dem für unser Leben zustimmen können. Wir glaubten es schon.

Als wir im Jahre 2003 aus dem aktiven und sehr stressigen Geschäftsleben ausgestiegen sind, waren wir gerade erst 56 und 58 Jahre alt. Ein wunderbares Alter, um noch einmal etwas ganz Neues anzufangen. Tatsächlich wussten wir schon lange vorher, was wir tun möchten: etwas, was uns als jungen Menschen damals verwehrt worden war – ein Studium an unserer Darmstädter Universität zu beginnen. Wir wussten beide, womit wir uns während unseres Berufslebens in der sehr knapp bemessenen Freizeit immer am liebsten beschäftigten. Christine hatte einen ausgeprägten Hunger nach Literatur und Geschichte. Sie war eine Viel- und Schnellleserin und hat auch die Bibel über mehrere Jahre gelesen, und zwar das Alte und das Neue Testament von vorne bis hinten. Nicht, weil sie besonders gläubig war, sondern weil sie immer sagte: »Das gehört zum Allgemeinwissen.«

Meine Lieblingsfächer waren Psychologie und Philosophie. Christine liebte die Klassiker in der Literatur, und meine Lieblingsphilosophen waren Schopenhauer und Nietzsche. Über zwanzig Jahre haben wir uns diesen geisteswissenschaftlichen Fächern mit großer Begeisterung zugewendet und hatten eine große Freude daran, zu lesen, zu forschen und zu schreiben. Wir waren fleißige Studenten, haben Vorlesungen und Seminare besucht, Hausarbeiten und Klausuren geschrieben und abgegeben, Referate gehalten und mündliche Prüfungen abgelegt. Unter den jüngeren Kommilitoninnen und Kommilitonen fühlten wir uns sehr wohl und wurden von ihnen akzeptiert. Das machte uns große Freude. Natürlich haben wir uns auch abends in den Studentenkneipen mit ihnen getroffen und viele Musikabende im Schlosskeller genossen. In dieser Zeit holten wir vieles nach, eine herrliche Studentenzeit, genau so, wie wir es uns vorgestellt hatten.

Mein erstes Buch mit dem inspirierenden Titel *Fröhlich altern* avancierte nicht nur zu einem Verlagsbestseller, sondern ist bis heute in Buchhandlungen präsent und wird erfolgreich verkauft. Dieses Buch markierte den Auftakt zu einer faszinierenden Schreibreise, die in den folgenden Jahren von weiteren vier Veröffentlichungen geprägt wurde. Das Schreiben entwickelte sich für mich zu einer Leidenschaft, die nicht nur kreative Ausdrucksformen ermöglichte, sondern mir als sinnvolle und therapeutische Beschäftigung dient – jetzt besonders relevant in meiner Rolle als Alleinstehender, um die Herausforderungen der verbleibenden Zeit zu bewältigen.

Ein zentraler Gedanke, den ich in diesem Zusammenhang entdeckte, findet sich in den Worten des antiken Philosophen Sokrates, dem Lehrer von Platon, welcher wiederum Aristoteles unterrichtete. Sokrates sagte einst: »Es gibt keinen einzigen gesicherten Grund, Angst vor dem Tod zu haben: Geburt ist der Beginn aller Dinge, Tod ist das Ende aller Dinge.« Diese philosophische Reflexion über Leben und Tod regt dazu an, die Ängste vor dem Unbekannten zu überwinden. Die Auseinandersetzung mit dem, wovor man Angst hat, birgt oft die Kraft, diese Ängste zu mildern. In diesem Kontext betont der französische Philosophieprofessor Marcel Conche, geboren 1922, dass Angst wie eine Krankheit behandelt werden sollte, die man aktiv kurieren muss.

Die Erkenntnisse und Weisheiten dieser Denker haben meine eigene Einstellung gegenüber dem Altern und dem Leben nachhaltig beeinflusst. Das Schreiben fungiert dabei nicht nur als kreativer Ausdruck, sondern auch als ein Mittel zur Selbstreflexion und zur Überwindung von existenziellen Ängsten. Es ist eine Reise der inneren Heilung und des persönlichen Wachstums, die mir hilft, einen sinnstiftenden Weg durch meine verbleibende Zeit zu finden.

Elisabeth Kübler-Ross

In diesen düsteren Zeiten der Trauer habe ich in der Lebensgeschichte der Ärztin und Sterbeforscherin Elisabeth Kübler-Ross gelesen. Es gibt viele lesenswerte Bücher von ihr und eine wunderbare Biografie von Derek Gill mit dem Titel *Elisabeth Kübler-Ross: Wie sie wurde, wer sie ist*, die 1980 erschienen ist.

Dieses Buch erzählt die abenteuerliche Entwicklungsgeschichte der berühmten Sterbeforscherin und ist von ihr selbst autorisiert und mit einem Nachwort versehen. Kübler-Ross, geboren 1926 als eines von Drillingen, hat sich auf einzigartige Weise mit dem Thema Tod und Endlichkeit auseinandergesetzt. Als 19-jährige junge Frau leistete sie gleich nach dem Zweiten Weltkrieg freiwillige Dienste in Frankreich, Belgien, Schweden, Polen und Italien – eine für eine junge Frau damals ungemein prägende Tätigkeit. Die Hilfe, die sie vielen Schwerverletzten und Sterbenden angedeihen ließ, motivierte sie zum Studium der Medizin. Als Ärztin führte sie zahlreiche Interviews mit Sterbenden, die sie in ihren Büchern veröffentlichte. Ihr größtes Anliegen war es, den Menschen mit ihrer Hilfe und ihren Büchern die Angst vor dem Tod zu nehmen und sie dadurch zu einem sinnerfüllten Leben zu führen. Sie wurde 78 Jahre alt und starb in ihrem Haus in der Wüste Arizonas, wohin sie sich zurückgezogen hatte. Ihr ganzes Leben hat sie dem Thema Tod gewidmet und vielen Menschen geholfen. Ihre letzten Worte lauteten: »Ich selbst habe zu wenig getanzt und zu wenig gespielt.«

Über die Trost spendenden Worte aus ihrem 2001 erschienenen Buch *Leben bis wir Abschied nehmen* habe ich schon damals während unserer Studienzeit mit Christine mehrmals diskutiert:

»Der Mensch ist gegenüber allen anderen Lebewesen eines großen Vorzugs gewürdigt: Er ist frei in seiner Wahl. Wir sind keine willenlosen, ohnmächtigen Staubkörner, die vom Wind des Zufalls hin- und hergetrieben und durcheinander gewirbelt werden. Wir sind vielmehr wie die schönen Schneeflocken, die Gott geschaffen hat – jeder einzelne von uns. Im ganzen Universum gibt es keine Schneeflocke, die irgendeiner anderen genau gleicht – nicht einmal bei eineiigen Zwillingen ist das der Fall. Jeder einzelne von uns ist aus einem bestimmten Grund und zu einem bestimmten Ziel geboren und jeder einzelne von uns wird erst dann sterben, wenn er das vollbracht hat, was ihm zu vollbringen bestimmt war. Und nun hängt alles daran, dass wir bereit sind, aus der Zeit zwischen Geburt und Tod das Beste zu machen, und zwar das Beste aus jedem Tag, aus jedem Augenblick und aus jeder sich bietenden Gelegenheit.«

Plötzlich allein zu Hause

Christine ist bald zwei Jahre nicht mehr bei mir. Doch plötzlich erlebe ich eine Veränderung in meinen Träumen: Sie ist wieder da, fröhlich und gesund, so, wie sie immer war. Es fühlt sich an, als ob sie nie fort gewesen wäre. In diesen Träumen kann ich mit ihr sprechen, und sie antwortet mir. Kürzlich erzählte sie mir, sie habe sich erst ein wenig erholen wollen, weil der Tod doch sehr anstrengend für sie gewesen sei. Wir sind in meiner vertrauten Umgebung, bei uns zu Hause, und ich spreche über meine Liebe zu ihr. Sie ist das Wertvollste, was mir je passiert ist. Sie erinnert mich daran, dass sie immer gehofft hatte, vor mir zu sterben, da sie ohne mich nicht leben wollte. Nach diesem Traum überkam mich wieder die tiefe Sehnsucht nach ihrer physischen Anwesenheit. Ich möchte so gerne wieder mit ihr frühstücken, zu Mittag essen und abends zusammen ins Bett gehen. Jeden Abend, wenn ich das Licht lösche, sage ich: »Jetzt komme ich zu dir, liebe Christine, und wir träumen uns zusammen.« Trotz ihrer Abwesenheit ist ihre Präsenz in meinem Leben greifbar. Ich spreche mit ihr, träume von ihr und bespreche Entscheidungen mit ihr. Sie ist Tag und Nacht bei mir. Dieses Gefühl ist für mich wundervoll. Mein neues Leben findet niemals ohne sie statt.

Interessanterweise kann ich mich nicht daran erinnern, jemals von Christines Bruder Rudolf geträumt zu haben, der vor zwölf Jahren starb. Doch plötzlich erscheint er in meinen Träumen, und wir machen zusammen eine Wanderung. Welche Kapriolen spielt mein Geist? Warum taucht er jetzt auf? In meinem Traum wandern wir durch den Odenwald, und es ist Rudolf, wie ich ihn in Erinnerung habe. Er spricht ganz selbstverständlich von seiner Schwester, als ob sie noch lebte, aber einfach nicht bei diesem Ausflug dabei wäre. Ich habe bereits früher über Rudolf geschrieben. Er war vier Jahre älter als Christine und starb plötzlich im 68. Lebensjahr. Christine hatte ihn unheimlich gern. Als sie ihre Diagnose erhielt, sagte sie: »Jetzt vermisse ich meinen Bruder noch viel mehr. Er hätte mir das alles erklären und mich trösten können.« Rudolf war ein kluger Arzt und betrieb als Internist mit Kollegen eine Gemeinschaftspraxis in Groß-Umstadt. Christine vertraute ihm sehr, und die beiden telefonierten oft miteinander. Ich frage mich, ob sie sich jetzt im Himmel oder wo auch immer wieder begegnet sind?

Auch nach einem Jahr gehen mir die Bilder der letzten Tage von Christine auf der Palliativstation nicht aus dem Kopf. Ich erinnere mich daran, wie ich sie streichelte, ihren Mund, ihre Nase und ihre Lippen befeuchtete. Wenn ich versuchte, mit ihr zu sprechen, öffnete sie die Augen nicht mehr, aber manchmal bewegte sie leicht den Kopf, um mir zu zeigen, dass sie mich wahrnahm. Erst in den letzten Stunden erhielt sie Morphin und Lorazepam, um ihr alles zu erleichtern, damit sie weder Schmerzen noch Angst hatte. Das Team der Palliativstation war unglaublich einfühlsam. Eine Oberärztin beruhigte mich mehrmals und versicherte mir, dass es Christine gutging und sie nicht litt.

Mit 79 Jahren muss ich nun lernen, allein durchs Leben zu gehen. Es gibt so viel Neues zu entdecken und zu bewältigen. In unserem Haus ist es still geworden, und ich möchte alles so bewahren, wie es Christine gefallen hätte. Während all unserer gemeinsamen Jahre waren wir nie allein. Es gab uns immer nur im Doppelpack. Ich habe nie darüber nachgedacht, wie es wäre, ohne meine geliebte Christine zu leben. Jetzt, als alleinstehender Mensch, muss ich viele praktische Dinge lernen, die bisher Christine übernommen hatte. Plötzlich muss ich für mein Essen sorgen, einkaufen gehen, kochen, die Spülmaschine ein- und ausräumen, die Wohnung aufräumen und die Wäsche machen.

Aus meinem Tagebuch

M eine vielen Tagebücher, die schon seit Jahrzehnten meine ständigen Begleiter sind, tragen alle den Titel Erlebtes, Erdachtes, Gefühltes – Ansichten und Einsichten. *Vor vielen Jahren habe ich einmal einen Traum beschrieben, der sporadisch immer wiederkehrt. In diesem Traum betrete ich eine wunderschöne Villa und steige in einen Fahrstuhl, der mich viele Etagen nach unten bringt. Als ich aussteige, finde ich mich in einem taghellen Raum wieder, in dem sich mehrere Menschen aufhalten. Sie kommen auf mich zu und hören sich meine Sorgen und Wünsche an, die ich ihnen mitteilen darf. Plötzlich sehe ich Christine. Ich sage zu ihr:* »Hallo, mein Dickie, da bist du ja endlich, gut, dass ich dich gefunden habe.« *In diesem Moment weiß ich oft nicht, ob ich träume oder ob es wirklich geschieht. Mir kommen die Tränen, und ich freue mich so sehr. Den ganzen Tag ist sie an meiner Seite, besonders nah beim Zubettgehen. Bevor ich einschlafe, unterhalten wir uns. Das ist für mich der schönste Teil des Abends und lässt mich meistens schnell einschlafen.*

Es ist ein verwirrendes Gefühl, weil es die Frau, die ich liebe, in der realen Welt nicht mehr gibt. Doch in meinen Träumen lebt sie weiter. Die Schriftstellerin Olga Martynova, deren Buch Gespräche über die Trauer *ich gerade lese, beschreibt ein ähnliches Gefühl. Sie schreibt:* »… in den Träumen weiß ich, dass mein Mann Oleg tot ist. Und er weiß das auch. In den Träumen haben wir die gleiche Körperlichkeit, die man in einem Traum hat: weder Körper noch kein Körper.« Ihr Mann Oleg Jurjew, der russisch-deutsche Schriftsteller und ehemalige Tagesspiegel-Kolumnist, verstarb 2018 im Alter von 58 Jahren. Martynovas Buch handelt auch von der Liebe, wie in ihrem Gespräch mit dem österreichischen Kulturjournalisten und Literaturkritiker Paul Jandl deutlich wird. Sie war 37 Jahre mit Oleg verheiratet und sagt: »Indem man über ihn schreibt, bleibt er präsent.«

Diese Aussage kann ich nur bestätigen. Während der vielen Stunden, die ich am Computer sitze und über Christine schreibe, fühle ich ihre Anwesenheit. Sie ist mir dann so nah, dass ich manchmal das Gefühl habe, sie könnte jeden Moment zur Tür hereinkommen. Es fühlt sich sogar so an, als würde ein leichter Luftzug durch den Raum wehen. Ohne sie werde ich nie in mein altes Leben zurückkehren können. Ich muss lernen, mit ihrem Tod zu leben. Die Trauer ist ein Teil von mir geworden, genau wie die Liebe zu ihr. Und so wie die Liebe bleibt, bleibt auch die Trauer – vielschichtig und tief.

An dieser Stelle passt ein Text von Arthur Schopenhauer (1788–1860) zum Thema Tod aus *Parerga und Paralipomena* (1851, Band 2, Kapitel 10), mit dem sich auch Christine intensiv auseinandersetzte und den ich hier einfüge:

»Zur Lehre von der Unzerstörbarkeit unseres wahren Wesens durch den Tod:

Für uns ist und bleibt der Tod ein Negatives – das Aufhören des Lebens: Allein, er muss auch eine positive Seite haben, die jedoch uns verdeckt bleibt, weil unser Intellekt durchaus unfähig ist, sie zu fassen. Daher erkennen wir wohl, was wir durch den Tod verlieren, aber nicht, was wir durch ihn gewinnen.

Ein Mensch, der nach vielen bitteren Kämpfen seine eigene Natur endlich ganz überwunden hat, ist nur noch als rein erkennendes Wesen, als umgedrehter Spiegel der Welt übrig. Ihn kann nichts ängstigen, nichts mehr bewegen, denn alle die tausend Fäden des Wollens, welche uns an die Welt gebunden halten und als Begierde, Furcht, Neid, Zorn uns hin und her reißen unter beständigem Schmerz, hat er abgeschnitten. Er blickt nun ruhig und lächelnd zurück auf die Gaukelbilder dieser Welt, die einst auch sein Gemüt zu bewegen und zu peinigen vermochten, die aber jetzt so gleichgültig vor ihm stehen wie Schachfiguren nach Beendigung des Spiels oder wie am Morgen die abgeworfenen Maskenkleider, deren Gestalten uns in der Faschingsnacht neckten und beunruhigten. Das Leben und seine Gestalten schweben nur noch vor ihm wie eine flüchtige Erscheinung.

Wie durch den Eintritt der Nacht die Welt verschwindet, dabei jedoch keinen Augenblick zu sein aufhört, ebenso scheinbar vergeht Mensch und Tier durch den Tod und ebenso ungestört besteht dabei ihr wahres Leben fort. Und denke man sich jenen Wechsel zwischen Tod und Geburt in unendlich schnellen Vibrationen und man hat die beharrliche Objektivation des Willens, die bleibenden Ideen der Wesen vor sich feststehend wie der Regenbogen auf dem Wasserfall. Dies ist die zeitliche Unsterblichkeit, infolge derselben ist trotz Jahrtausenden des Todes und der Verwesung noch nichts verloren gegangen, kein Atom der Materie noch weniger etwas von dem inneren Wesen, welches als die Natur sich darstellt.

Demnach können wir jeden Augenblick wohlgemut ausrufen, trotz Zeit, Tod und Verwesung sind wir noch alle beisammen. So weilt alles nur einen Augenblick und eilt dem Tode zu. Die Pflanze und das Insekt sterben am Ende des Sommers, das Tier, der Mensch nach wenigen Jahren, der Tod mäht unermüdlich. Dessen ungeachtet aber, ja, ob dem ganz und gar nicht so wäre, ist jederzeit alles da und an Ort und Stelle, eben, ob alles unvergänglich wäre.

Das Leben kann angesehen werden als ein Traum und der Tod als das Erwachen. Aber ich glaube, dass, wenn der Tod unsere Augen schließt, wir in einem Licht stehen, von welchem unser Sonnenlicht nur der Schatten ist. Klopfte man an die Gräber und fragte die Toten, ob sie wieder aufstehen wollten, sie würden mit den Köpfen schütteln.«

Nachdem Christine gestorben war, hat es eine ganze Weile gedauert, bis ich wieder in mein Tagebuch schreiben konnte. Ich fühlte mich antriebslos, war die meiste Zeit verzweifelt und konnte keine Freude mehr am Leben finden. Das Alleinsein empfand ich als unerträglich, und oft hatte ich keine Lust mehr, weiterzuleben. Meine einzige Hoffnung war, dass es mit der Zeit vielleicht besser werden könnte. Eine gute Freundin von Christine erzählte mir von ihrer aktiven »Trauerarbeit« nach dem frühen Tod ihres Mannes und wie es Jahre gedauert hat, bis die Trauer weniger intensiv wurde.

Ich habe begonnen, viel zu lesen. Das hätte Christine sicherlich auch getan. Trost finde ich besonders in folgenden Büchern: *Trauer heißt Lieben* von Anselm Grün, einem Mönch der Abtei Münsterschwarzach. Vor einiger Zeit hatten Christine und ich einen Vortrag von ihm in der Pauluskirche in Darmstadt besucht. Damals hat er uns nicht besonders angesprochen, aber sein Buch empfinde ich jetzt als hilfreich. Verena Kast, eine Schweizer Psychoanalytikerin und Professorin für Psychologie an der Universität Zürich, hat das Buch *Trauern: Phasen und Chancen des psychischen Prozesses* geschrieben, auf das ich später noch einmal zurückkommen werde. Ein weiteres bedeutendes Werk ist *Ich begleite dich durch deine Trauer* von Jorgos Canacakis, einem griechischen Diplompsychologen und Psychotherapeuten, auf das ich ebenfalls noch näher eingehen werde.

Seit Jahrzehnten schreibe ich in meine Moleskine-Tagebücher. Einige wenige dieser Tagebucheinträge aus der schweren Zeit habe ich hier veröffentlicht. Vielleicht hilft das nicht nur mir, sondern gibt auch den Leserinnen und Lesern einen Einblick in mein nicht so einfaches Leben als Witwer.

Samstag, 11. Februar 2023

Morgen ist es 35 Tage her, dass mein Schatz, meine geliebte Christine, gestorben ist. Ich vermisse sie unend-

lich. Sie fehlt mir den ganzen Tag und auch in der Nacht. Abends, wenn ich ins Bett gehe, denke ich intensiv an sie, und morgens beim Aufwachen vermisse ich das An-sie-Herankuscheln. Das war unser morgendliches Ritual, um uns gegenseitig von unseren Träumen zu erzählen und über das zu sprechen, was uns besonders bewegt hatte. Oft haben wir auch Pläne geschmiedet, was wir an diesem und den kommenden Tagen unternehmen wollten. Vielleicht mal wieder für ein paar Tage in unser Ferienhaus nach Vielbrunn fahren oder einen Aufenthalt in unserem geliebten Hotel am Titisee planen, das wir beide so sehr liebten.

Seit März 2020, als wir unser Lieblingshotel in Portugal wegen der Corona-Pandemie eine Woche früher verlassen mussten, waren wir nicht mehr dort. Dabei haben wir diesen Ort seit über 25 Jahren geliebt. Wir sprachen manchmal darüber und hatten die vage Idee, es im Jahr 2022 noch einmal zu besuchen. Doch dazu kam es nicht mehr.

Im Mai 2022 waren wir noch für zwei Tage auf der Bühler Höhe, in der Max Grundig Klinik, zu einem Gesundheitscheck. Wir hatten es satt, für die jährlichen fachärztlichen Routineuntersuchungen von einem Arzt zum nächsten zu gehen, und dort konnten wir alles auf einmal erledigen. Die Untersuchungsergebnisse waren größtenteils in Ordnung. Christines Blutbild war gut, Röntgenaufnahmen der Lunge und eine Mammografie ergaben keine Befunde. Nur ihr Herz sollte sie von Zeit zu Zeit bei einem Kardiologen kontrollieren lassen, das war alles.

Im Juli 2022 feierten wir mit Steffi unsere beiden Geburtstage am Titisee. Wir machten lange Wanderungen, wie durch die wildromantische Wutachschlucht, und schwammen im See. Christine zeigte damals keinerlei Anzeichen einer Erkrankung.

Ein herausragendes Erlebnis war im August 2022 unser Besuch der Bregenzer Seefestspiele am Bodensee. Da klagte Christine zum ersten Mal über Schwindel und Übelkeit. Sie konnte es einigermaßen mit dem Super-Pep-Kaugummi lindern, den sie immer dabeihatte, weil ihr beim Autofahren oft schlecht wurde. Früher übernahm sie bei längeren Fahrten das Steuer, und alles war gut.

Über unseren letzten Urlaub an der Nordsee habe ich schon ausführlich berichtet. Auch dort hatte sie manchmal diese Schwindelbeschwerden. Trotzdem lief sie tapfer bei langen Strandspaziergängen mit und klagte nie. Das war nicht ihre Art. Sie hielt wahrscheinlich vieles zurück, um mich nicht zu beunruhigen. Sie wusste auch von meiner Hypochondrie, die ihr sicher auch schon früher Sorgen bereitet hatte.

An den letzten Samstagabenden war ich bei meinen Kindern Annette und Thorsten zum Essen eingeladen. Auch bei Steffi und Bernd in Pfungstadt war ich schon, und auch dort fühlte ich mich gut aufgehoben.

Sonntag, 12. Februar 2023

Ein Sonntag allein zu Hause verstärkt meine ständige Traurigkeit. Ich denke daran, wie wir sonntags immer etwas Besonderes unternommen haben, sei es nur ein Spaziergang zum Goetheteich und über den Dachsberg zurück. Wir haben uns dabei wunderbar unterhalten,

Gedanken ausgetauscht und Pläne geschmiedet. Heute habe ich so einen Spaziergang allein gemacht. Sollte ich vielleicht doch einmal alleine nach Portugal fliegen? Ich glaube, Christine würde mich dazu ermutigen; sie wollte immer, dass es mir gut geht. Liebe Christine, ich trauere so sehr um dich. Oft warst du die Sachlichere von uns beiden, und ich kann mir gut vorstellen, dass du gesagt hättest: »Es ist doch egal, wo du um mich trauerst.« Und das stimmt. Du bist immer bei mir; ich trage dich in meinem Herzen, ganz nah bei mir. Immer mehr spüre ich, dass du mich führst und leitest. Wir waren so lange Zeit zusammen, dass ich in jeder Situation weiß, wie du reagiert hättest und was du gesagt hättest.

Ich erinnere mich, wie Christine immer darauf bedacht war, mir »nicht zur Last zu fallen«, wie sie es oft sagte und ernst meinte. Sie dachte stets an mein Wohl. Als sie auf der Palliativstation lag und ich bei ihr saß, bat sie mich, an die frische Luft zu gehen und einen Spaziergang zu machen. Wenn ich ihre Hand hielt, schob sie sie beiseite und sagte: »Bitte lass mich los, lass mich gehen.« Als Annette und ich sie am 25. Oktober 2022 von der Neurochirurgie nach Hause holten, legte sie sich entspannt und zufrieden auf das Sofa im Wohnzimmer. Manchmal setzte sie sich auf und sagte mit einem Lächeln, dass sie froh sei, jegliche Chemo- und Strahlentherapie abgelehnt zu haben. Am Anfang fiel es mir schwer, das zu akzeptieren, weil ich immer dachte, ich müsse etwas tun, um ihre Situation zu verbessern. Doch Christine war fest überzeugt, die richtige Entscheidung für sich getroffen zu haben. Das musste ich akzeptieren, denn ich kannte meine Christine gut genug, um zu wissen, dass sie nicht von ihrem Entschluss abweichen wür-

de. Wenn sie sagte: »Ich weiß genau, was das für mich bedeutet«, kamen mir die Tränen. Als ich sie fragte, ob sie keine Angst habe, antwortete sie: »Doch, schon, aber es ist besser so, als die Krankheit noch zu verlängern.« Die Ärzte konnten nicht verstehen, warum Christine nie über Schmerzen klagte.

Ostersonntag, 9. April 2023

An diesem Ostersonntag wollte ich nicht allein sein und habe meine ganze Familie in mein Lieblingsrestaurant eingeladen. Ich bin mir sicher, dass Christine mit dabei war. Ich kann sie zwar nicht sehen oder berühren, aber ich spüre ihre Anwesenheit. Vielleicht klingt es verrückt, aber manchmal nehme ich einen Luftzug wahr, in dem ich ihren vertrauten Duft wahrnehme, als ob ihr Parfüm noch in der Luft schwebt.

Ostermontag, 10. April 2023

Heute habe ich einen Spaziergang ins Fürstenlager nach Auerbach gemacht und dabei das Grab meines Bruders Paul Heinz und seiner Frau Christel auf dem Bergfriedhof besucht. Er starb im Januar 2010, nur wenige Tage nach seinem 74. Geburtstag. Ich habe ihm erzählt, dass meine Liebe zu Christine seit ihrem Tod noch intensiver geworden ist, weil mir nun noch bewusster ist, was ich verloren habe. Die Wissenschaft konnte uns keine Erklärung geben, warum ausgerechnet sie diesen seltenen Hirntumor bekam. Nur drei von einhunderttausend Menschen in Deutschland erkranken daran. Der behandelnde Arzt sagte uns, die Forschung gleiche einer Blackbox. Das Gehirn sei das am wenigsten erforschte Organ des menschlichen

Körpers, wie auch der Neurophysiologe Wolf Joachim Singer feststellte.

Vor gut einem Vierteljahrhundert begann das GSI Helmholtzzentrum für Schwerionenforschung in Darmstadt, erste Krebspatienten mit Partikelstrahlung zu behandeln – mit vielversprechenden Ergebnissen bei verschiedenen Tumorarten. Dennoch bleibt die Behandlung von Hirntumoren wie dem Glioblastom aufgrund des diffusen und infiltrierenden Wachstums auch mit diesen Methoden sehr schwierig.

Das erste Weihnachtsfest ohne Christine

Das erste Weihnachtsfest ohne Christine steht bevor. Traditionell begann unser Heiligabend immer mit dem Besuch des Gottesdienstes in der Pauluskirche um 17:00 Uhr. Im Jahr 2022 war uns das jedoch nicht möglich. Stattdessen saßen Christine und ich allein nebeneinander auf der Couch, beteten das Vaterunser und sangen »O du fröhliche«. Auch in den beiden Jahren zuvor hatten wir aufgrund der Corona-Pandemie den Heiligabendgottesdienst nicht besuchen können, so wie wir es über viele Jahrzehnte getan hatten. Dieses Jahr schlug Steffi vor, in die Stadtkirche zu gehen. Zum Abschluss des Gottesdienstes singt die Gemeinde traditionell das wunderschöne Weihnachtslied »O du fröhliche«, und auch dieses Mal war das der Fall. Neu für mich war, dass die Kirche während des Singens verdunkelt wurde. Dies löste in mir ein tiefes Weinen aus, während ich an meine liebe Christine dachte, die ich neben mir so sehr vermisste.

Nach dem Gottesdienst versammelte sich die Familie bei Annette und Thorsten. Christine war immer der Mittelpunkt unserer Familie. Ihr Fehlen schmerzte mich ungemein. Zu Weihnachten hatte sie stets für jeden ein Geschenk. Sie wusste genau, was sich jeder wünschte. Besonders liebevoll gestaltete sie die Heiligabende bei uns zu Hause. Gemeinsam kauften wir jedes Jahr einen großen

Weihnachtsbaum, immer beim gleichen Bauernhof in Lützelbach. Die Dekoration mit den handgeschnitzten Erzgebirgsfiguren von »Muckioma«, wie wir alle Christines Mutter nannten, war ihr besonders wichtig. Diese durften niemals fehlen. Auch die Jahresglocken von Hutschenreuther hingen immer am Fenster. Alle waren voll des Lobes für das Essen, das Christine aus Vorspeise, Hauptgang und Dessert zauberte. An einigen früheren Heiligabenden waren auch die Eltern unseres Schwiegersohnes Bernd dabei. Sein Vater sagte zu Christine stets den unvergesslichen Satz: »Das war wieder klasse gut, Christine.« Sie konnte nicht nur hervorragend kochen, sondern liebte es besonders, Kuchen zu backen. Dieses Jahr bereitete Annette mir meine geliebte Schokoladen-Kirsch-Torte zu, die Christine jedes Weihnachtsfest auf den Tisch brachte.

Vor einem Jahr ist Christine gestorben

365 Tage ohne meine geliebte Christine. Am 8. Januar 2024 waren Annette, Thorsten, Steffi und ich an ihrem Grab. Anschließend saßen wir beim Tee zusammen und sprachen über sie. Ich richte meine Spaziergänge so ein, dass ich über den Friedhof gehe und schaue, ob die Grabkerze noch brennt. Einige enge Freunde gedachten ebenfalls ihrer und schickten mir WhatsApp-Nachrichten, dass sie heute ihr Grab besucht hätten.

Am Abend rief mich Christines Bruder Wolfgang aus Kanada an. Wir unterhielten uns sehr lange. Mehrere Stunden am Tag verbringe ich damit, an diesem Buch zu arbeiten. Dabei fühle ich mich ein wenig glücklich – es ist eine Art Therapie für mich, um meinen Schmerz zu verarbeiten und Christine nahe zu sein. Beim Schreiben über sie kann ich spüren, was sie in mir hinterlassen hat und was ich immer von ihr in mir tragen werde. Mein Leben ist zeitlich begrenzt. Deshalb betrachte ich es als meine Aufgabe, unsere gemeinsame Geschichte zu erzählen – von der Kraft und dem Großmut Christines. Vielleicht kann ich mit diesem Buch meinen Kindern, Enkelkindern und unseren Freunden als Wegbegleiter auf ihrem Lebensweg dienen.

Seit ihrem Tod habe ich Bilder von ihr an drei besonderen Orten: im Schlafzimmer, am Esstisch und an meinem

Schreibplatz. Jeden Morgen begrüße ich sie und sage ihr vor dem Schlafengehen gute Nacht. Auch wenn ich unser Haus verlasse oder zurückkomme, spreche ich mit ihr und erzähle ihr, was ich unterwegs erlebt habe. Diese Nähe zu ihr in unserem Haus gibt mir Halt in meiner traurigen und trostlosen Zeit. Der Verlust meiner geliebten Christine hat meine Lebensfreude erheblich eingeschränkt. Manchmal frage ich mich, für wen oder was ich noch auf der Welt bin. Braucht mich überhaupt noch jemand?

Ich denke oft über den Spruch von Voltaire nach: »Die Zeit heilt alle Wunden.« Gilt das auch für seelische Wunden? Auch sie müssen angenommen, akzeptiert und versorgt werden. Doch wenn mit dem Heilen das Vergessen einhergeht, bin ich froh, dass ich dieses Buch schreibe. Ich möchte das Wichtigste, Schönste und Wertvollste in meinem Leben nicht vergessen – kein einziges Detail.

Ein weiser Mensch sagte einmal: »Man lernt erst zu trauern, indem man es tut.« In dieser Zeit verspüre ich das Bedürfnis, mit Menschen in Kontakt zu treten, die ebenfalls einen geliebten Menschen verloren haben. Ein Austausch darüber, wie sie ihre Trauer verarbeitet haben, erscheint mir wertvoll.

Immer wieder lese ich die Trauerbriefe. Pater Anselm Grün schreibt: »Der Trauer einen Raum im Herzen geben.« Ein Freund fragte mich: »Warum müssen eigentlich die Guten immer zuerst sterben?« Das ist die alte Theodizeefrage. Warum lässt ein allmächtiger Gott den Menschen Leid, Unheil und vermeintliche Ungerechtigkeit widerfahren? Manchmal zweifle ich an der Macht Gottes. Unsere Vernunft sagt uns, dass es wohl keine befriedigende Antwort auf diese Frage gibt. Vielleicht liegt die Antwort in der Erkenntnis, dass der Tod eine Erlösung war – für Christine von ihrem Leiden und für mich von der Hilflosigkeit, ihr nicht helfen zu können. Für Gläubige ist die Theodizeefrage auch umkehrbar: Gott holt die Guten zuerst zu sich.

Ein anderer Freund schrieb mir: »Mit Betroffenheit habe ich gelesen, dass deine Frau gestorben ist. Das tut mir sehr leid. Ein Tod nach so vielen Jahrzehnten ist wie eine Amputation und tut unglaublich weh. Ich wünsche dir, dass du diese schwere Zeit gut durchleben kannst.« Das erste Jahr habe ich überstanden, doch ich muss täglich neu lernen, damit zu leben. Auch eine sehr gefühlvolle E-Mail habe ich zum neuen Jahr von Pfarrer Wille-Boysen erhalten, der jetzt in Mailand als Pfarrer tätig ist.

Original E-Mail Nachricht von Pfarrer Hanno Wille-Boysen:

Von: Hanno Wille-Boysen
Gesendet: Donnerstag, 4. Januar 2024 11:32
An: Dieter Heymann
Betreff: Pfarrer Hanno Wille-Boysen

Lieber Herr Heymann,
Ihre Mail kam gerade bei mir an, und gerne schreibe ich Ihnen direkt von meiner aktuellen Mailadresse meine besten Wünsche für das neue Jahr! Ich wünsche Ihnen von Herzen, dass Sie sich in guter Weise auf dieses neue Jahr einlassen können, auch wenn ich mir gut vorstellen kann, dass dieser erste Übergang ohne Ihre geliebte Frau sicher kein leichter war. Solche »Anlässe« führen einen dann doch

auf besondere Weise in intensive Erinnerungen, aber das darf und soll ja vielleicht auch so sein, denn es macht uns doch auch bewusst, wie viel Nähe uns auch über den Tod hinaus verbindet mit denen, die wir lieben. Insofern wünsche ich Ihnen viel Kraft für die Erinnerung, aber auch noch mehr Kraft, die Sie aus diesen Erinnerungen – oder besser Vergegenwärtigungen! – gewinnen mögen!

Ihnen und allen Ihren Lieben herzliche Grüße aus Mailand und alles Gute für Ihren weiteren Weg!

Ihr Hanno Wille-Boysen

Schutzengel

Mein Brief an Christine in die Ewigkeit enthält den Satz: »Du bist in meinem Herzen und Verstand, du leitest und führst mich als mein Schutzengel.« In diesem Kapitel möchte ich den Engeln einen besonderen Raum geben. Obwohl ich oft Christines Grab besuche, bin ich mir bewusst, dass ich sie dort nicht wirklich finden kann. Sie bleibt Tag und Nacht in meinem Herzen. Durch die inneren Gespräche mit ihr finde ich die Kraft, mein Leben weiterzuführen, und fühle mich weiterhin mit ihr verbunden.

Vor Kurzem bekam ich ein Buch geschenkt, das ich bereits erwähnt habe: *Trauern heißt Lieben, unsere Beziehung über den Tod hinaus leben* von Anselm Grün. Darin beschreibt der bekannte Mönch Engel als »Helfer in der Not«, die uns in schwierigen Zeiten beistehen. Der Engel der Not lässt uns nicht verzweifeln, während der Engel des Trostes uns in unserer Trauer begleitet. Anselm Grün stellt verschiedene Engel vor, die uns im Leben zur Seite stehen, uns inspirieren, heilen, beschützen und Freude schenken. Durch sie, so schreibt er, wirkt letztlich immer Gott.

Vor vielen Jahren habe ich ein Essay zum Thema Engel in einer Rundmail verschickt und möchte daraus zitieren: »Die Vorstellung von Engeln wird in vielen Kulturen, Religionen und spirituellen Traditionen unterschiedlich interpretiert. Wissenschaftlich betrachtet gibt es keine

Beweise für die Existenz von Engeln im übernatürlichen Sinne. Dennoch taucht der Begriff ›Engel‹ oft im religiösen Kontext auf, insbesondere in den abrahamitischen Religionen wie Christentum, Judentum und Islam. Dort werden Engel als Boten Gottes beschrieben, als Vermittler zwischen dem Göttlichen und den Menschen. Um an Engel zu glauben, braucht man vielleicht keine feste Religiosität, aber eine gewisse Transzendenz und Spiritualität.«

Manche Menschen berichten von persönlichen Erfahrungen, die sie als Begegnungen mit Engeln deuten. Solche Erlebnisse können für sie tief bedeutend sein, aber sie liefern keine empirischen Beweise für die Existenz von Engeln. Letztendlich bleibt der Glaube an Engel eine Frage der persönlichen Überzeugung und Erfahrung, die nicht wissenschaftlich belegbar ist.

»Engel sind beliebt bei kleinen Kindern oder esoterischen Schwärmern, aber selten ein Thema für ernsthaft denkende Menschen«, schreibt Ulrich Greiner. Der polnische Dichter und Denker Czesław Miłosz nimmt Engel jedoch ernst. Er denkt nicht an die üblichen Darstellungen von Rauschgoldengeln oder die lockigen Knäblein in barocken Kirchen. Miłosz beschreibt Engel als Boten – ihre wahre Bedeutung. Das deutsche Wort Engel stammt vom griechischen *angelos*, was so viel wie Bote oder Abgesandter bedeutet.

Ulrich Greiner nimmt in seinem Buch *Dienstboten: Von den Butlern bis zu den Engeln* die Engel genauer unter die Lupe. Greiner, den ich sehr schätze, ist ein bekannter deutscher Journalist und Literaturkritiker. In seinem Werk verweist er auf das Engelsgedicht von Czesław Miłosz, das die tiefere Bedeutung dieser Boten ergründet.

Von Engeln
Man hat euch die weißen Kleider genommen,
Die Flügel und selbst das Sein.
Ich glaube euch dennoch,
Boten.

Die umgestülpte Welt,
Das schwere Gewebe, bestickt mit Sternen und Tieren,
Durchwandelt ihr, die wahrhaftigen Nähte betrachtend.
Ihr rastet hier kurz,
Wohl in der Morgenstunde bei klarem Himmel,
In der Melodie, die ein Vogel nachsingt,
Oder im Duft der Äpfel im Abenddämmer,
Wenn das Licht die Gärten verzaubert.
Man sagt, es hätte euch jemand erdacht,
Doch mich überzeugt das nicht.
Die Menschen haben sich selbst genauso erdacht.
Die Stimme – ist wohl Beweis,
Denn sie stammt zweifellos von klaren Wesen,
Die leicht sind, beflügelt (warum auch nicht),
Mit Blitzen gegürtet.
Ich habe im Traum diese Stimme manchmal vernommen
Und, was noch seltsamer ist, in etwa verstanden
Den Ruf oder das Gebot in der überirdischen Sprache:
Bald ist es Tag,
Noch einer,
Tu, was du kannst.

Berkeley, 1969
Aus dem Polnischen von Karl Dedecius

Dem Einwand, Engel seien bloße Hirngespinste, widerspricht der polnische Dichter Czesław Miłosz in seinem

Gedicht. Miłosz, der 1980 den Nobelpreis für Literatur erhielt, schreibt: »Angenommen, die Engel wären ausgedacht, dann wären auch die Menschen bloß ausgedacht. Das stimmt nicht.« Er liefert den Beweis auf seine eigene Weise: Er beschreibt, wie er die Stimmen der Engel gehört und ihre Botschaften zumindest teilweise verstanden hat. Zwar nur »in etwa«, und es geschah in der Nacht, in einem Traum. Doch selbst als der Tag anbricht und der Traum verflogen ist, bleibt das unabweisbare Gebot bestehen: »Tu, was du kannst.«

Ulrich Greiner fasst das Gedicht so zusammen: »Es trägt Züge einer Predigt, eines kleinen Traktates, und mündet in die pragmatische Botschaft: Die Existenz der Engel entbindet dich nicht von der Aufgabe, den neuen Tag zu deinem eigenen zu machen.«

Zu Beginn des Gedichts beklagt Miłosz den Rationalismus der Moderne, der den Engeln ihre weißen Kleider und Flügel genommen und ihre Existenz bestritten hat. Doch Miłosz setzt dem entgegen und sagt: »Ich glaube euch dennoch, Boten.« Ich fühle mich mit dieser Aussage verbunden, denn oft weiß ich selbst nicht, woran ich glauben soll. Es erinnert mich an das Dilemma vieler Philosophen, wie schon Sokrates sagte: »Ich weiß, dass ich nichts weiß.«

Eines jedoch ist für mich gewiss: Christine ist mein Beschützer, mein Schutzengel im Himmel – in meinen Träumen und am Tag. Ich spüre, wie sie mir mit Ratschlägen beisteht, mich leitet und mir hilft, meinen Weg zu finden. Manchmal denke ich den ganzen Tag an eine bestimmte Person und erzähle Christine davon. Wie durch ein Wunder ruft diese Person dann oft noch am selben Abend an.

Es mag sich für Außenstehende wie eine erfundene Geschichte anhören, doch ich hatte das Privileg, eine wahre Begebenheit zu erleben, die ich nicht besser hätte erfinden können. Es fühlte sich an, als ob mein Schutzengel Christine hinter dieser perfekten Inszenierung stand, und deshalb möchte ich sie erzählen:

Alles begann mit einem Anruf von meiner Tochter, die einen arbeitsfreien Nachmittag hatte und mich zu einem gemeinsamen Mittagessen einlud. Natürlich sagte ich sofort zu, und wir trafen uns in meinem Lieblingsrestaurant in der Stadt. Während des Gesprächs erfuhr ich, dass sie im nachberuflichen Leben gerne Theologie studieren möchte. Am Nachmittag blätterte ich nach langer Zeit wieder im Vorlesungsverzeichnis der TU Darmstadt, wo ich selbst Philosophie studiert hatte. Dabei stieß ich auf eine Vielzahl von Veranstaltungen im Bereich Theologie und Ethik im Fachbereich Gesellschafts- und Geisteswissenschaften. Ich erinnerte mich daran, dass Christine zu Beginn ihres nachberuflichen Studiums einige dieser Veranstaltungen besucht hatte, bevor sie sich dann ganz auf Geschichte und klassische Literatur spezialisierte.

Dabei stieß ich auf die Ankündigung des Semesterabschlusskonzerts 2023/2024 der TU Darmstadt und wusste sofort, dass es etwas für mich war. In Gedanken war mir klar, dass Christine gerne mit dabei gewesen wäre.

Also stellte ich mich um 17:00 Uhr in die lange Schlange an der Abendkasse. Der Beginn war für 18:00 Uhr geplant. Fast schon ohne Hoffnung bekam ich schließlich doch noch eine Karte. Kurz nach mir war dann Schluss, alles war ausverkauft. Das war das erste Wunder des

Abends: 2200 Plätze – und ich hatte eine der letzten Karten ergattert.

In einem bis auf den letzten Platz belegten Darmstadtium, unserem großen, neuen Kongressgebäude, ergab es sich, dass ich einen wunderschönen Platz in der dritten Reihe mit freier Platzwahl fand. Merkwürdigerweise blieb der Platz neben mir fast bis zum Konzertbeginn frei, obwohl der gesamte Saal bereits besetzt war.

Dann tauchte plötzlich eine ältere Dame auf, fragte höflich, ob sie sich neben mich setzen dürfe. Zuerst ruhig und zurückhaltend, sprach sie mich dann doch an und fragte, warum ausgerechnet dieser Platz in dem aus allen Nähten platzenden Konzertsaal noch frei sei. Und das auch noch in der dritten Reihe links, von der aus man einen wunderbaren Blick auf das Orchester und insbesondere auf den Flügel hatte, auf dem im ersten Teil des Konzertes die weltberühmte Pianistin aus Korea, Sae-Nal Lea Kim, den Klavierpart von George Gershwins Ouvertüre zu »Girl Crazy« und der »Rhapsodie in Blue« spielte. Im Programmheft konnte man lesen, dass sie als Professorin an der Hochschule für Musik in Mainz an der Johannes Gutenberg-Universität lehrt.

Mit der Dame neben mir kam ich ins Gespräch. Bis zum Konzertbeginn, in der Pause und danach haben wir uns wunderbar unterhalten. Sie erzählte mir von sich und ich ihr von mir. Sie war eine sehr gut Deutsch sprechende Finnin, gebürtig in Helsinki, lebte aber schon viele Jahre in Frankfurt. Sowohl ihr Sohn als auch ihre Tochter hatten an der TU Darmstadt studiert. Ihre Tochter war extra aus London angereist, wo sie heute als Professorin am King's College lebt, und ihr Sohn war Professor für Bauingenieurwesen in Frankfurt. Die Tochter hat aus alter Tradition im Chor bei Beethovens 9. Sinfonie mitgesungen, und ihr Sohn spielte das Alt-Saxophon in der Gershwin-Musik im ersten Teil des Konzertes.

Im zweiten Teil nach der Pause wurde die 9. Sinfonie von Beethoven dargeboten, so perfekt, wie ich glaube, sie noch selten gehört zu haben. Seit dem Jahr 2010 dirigiert Christian Weidt das Orchester, und ihm ist zu verdanken, dass es eine so bedeutende Entwicklung genommen hat. Der Chor wurde einstudiert von Salome Niedecken.

Das TU-Orchester bestand aus etwa 100 Personen (Studierende, Lehrende und Musikbegeisterte, auch emeritierte Lehrende) auf der Bühne, und dazu kam ein gemischter Damen- und Herrenchor mit 60 Personen, die alle auf der Bühne saßen. Der Klangkörper insgesamt war unglaublich professionell. Von meiner Sitznachbarin erfuhr ich, dass Chor und Orchester im letzten Jahr ihr 75-jähriges Bestehen gefeiert haben und bereits in den größten Konzertsälen weltweit aufgetreten sind. Das hat mich alles sehr begeistert. Nach drei Stunden, um 21:00 Uhr, war diese wunderbare Veranstaltung zu Ende. In den letzten Wochen und Monaten habe ich selten so gut geschlafen und war mir sehr wohl bewusst, woher diese Wirkung kam. »Danke, meine liebe Christine.«

Vom »Werden und Vergehen«

Alle Leserinnen und Leser, die bis hierhin durchgehalten haben, erhalten im letzten Teil noch eine Belohnung. Hier kommen die Psychologie, die Philosophie des Todes vom »Werden und Vergehen« und die Religion zu Wort. In einem vorherigen Kapitel habe ich bereits erzählt, wie ich mein eigenes Buch *Fröhlich altern* wiederentdeckt habe. Besonders das Kapitel »Vom Werden und Vergehen« habe ich ins Visier genommen. Als ich es damals verfasst habe, konnte ich nur theoretisieren, da mir persönliche Erfahrungen zum Thema Tod fehlten. Nach dem schmerzhaften Verlust erhoffe ich mir nun durch die philosophische Auseinandersetzung mit diesem Thema Trost und Unterstützung. Immer wieder werde ich von Menschen gefragt, wie ich ohne meine Frau zurechtkomme. Vermutlich denken sie dabei auch an ihre eigene Sterblichkeit. Wir haben über zweiundsechzig Jahre gemeinsam gelebt, und kürzlich sagte mir ein Bekannter, er hätte uns immer nur als Einheit wahrgenommen.

Rückblickend empfinde ich, dass Christine sich mit immensem Mut auf ihren eigenen Tod eingestellt hat. Ihre Worte möchte ich hier noch einmal zitieren: »Einer muss immer zuerst gehen.« Nach der Diagnose, dass es für sie keine Heilung geben würde, hatte sie sich damit abgefunden. Vor Kurzem erfuhr ich von einer Dame, dass ihr

Mann denselben Tumor wie Christine hat und bereits seit über einem Jahr palliativ betreut wird. Das sei sehr belastend und biete keine Lebensqualität mehr, nicht nur für ihn, sondern für die gesamte Familie. Erst jetzt wird mir bewusst, welches Geschenk uns der Schöpfer mit Christines schnellem Tod gemacht hat. Sie hatte sich bewusst gegen alle lebensverlängernden Maßnahmen entschieden.

Im 79. Lebensjahr angekommen, weiß ich nicht, wie viel Zeit mir noch bleibt. Mein Leben geht weiter, und es liegt an mir, mich jeden Tag neu dieser Realität zu stellen. Die Erinnerung an Christine, diese großartige Seele, wird meine Kraftquelle sein. Ich denke oft darüber nach, wie schwierig ihr Leben geworden wäre, wenn ich zuerst gegangen wäre.

Immer wieder lese ich gerade jetzt in einem meiner eigenen Bücher, und das hat eine beruhigende Wirkung auf mich. Daher möchte ich auch für meine Leserinnen und Leser darüber berichten. Für das Verständnis der Gegenwart ist es wichtig, vergangene Philosophien zu verstehen. Die gesamte Vergangenheit ist notwendig, damit das Heute entstehen kann. Der Umgang mit dem Tod sollte nicht nur das Sterben an sich umfassen, sondern auch die eigene Lebensweise und den Lebensstil unter Einbeziehung unserer Endlichkeit kultivieren.

Menschen sind sich ihrer Endlichkeit bewusst, dennoch können wir über den Tod und das Sterben nur theoretisieren. Niemand kann aus eigener Erfahrung sprechen. Die deutsche Philosophin Julia Inthorn hat viele Arzt-Patienten-Gespräche über ›Die Vorstellungen vom sogenannten guten Sterben‹ geführt und berichtet: »Es geht in der Mehrzahl immer um die drei gleichen Aussagen: Erstens, es soll möglichst schnell gehen, zweitens sollen alle hektischen Rettungsversuche unterlassen werden, und drittens ist es am allerbesten, man schläft im eigenen Bett ohne Schmerzen ein und wacht nicht mehr auf.«

Niemand denkt gerne an seinen eigenen Tod. Es ist menschlich, alles, was damit zusammenhängt, zu vermeiden. Dennoch kann niemand ihm entkommen. Der Tod ist eines der Angst auslösenden Phänomene, das wir am meisten tabuisieren. Dabei gehört der Tod, ebenso wie die Geburt, zum Leben. Christine schreibt in ihrem Tagebuch: *Wer kann sich an seine eigene Geburt erinnern? Soll das mit dem Sterben anders sein?*

Es ist verständlich, dass unsere Reaktionen auf dieses Thema mit unserer Unfähigkeit zusammenhängen, den Tod wirklich zu erfassen. Wir erleben den Tod nur durch den Verlust von Menschen in unserem Umfeld. Je näher uns diese Menschen standen, desto schmerzhafter sind unsere Eindrücke und Gefühle. Die Angst vor dem Unbekannten, das Sterben, ist menschlich. Menschen möchten im Voraus wissen, was sie erwartet, um sich darauf einzustellen. Doch beim Sterben bleibt uns dies verwehrt.

In Martin Heideggers Buch *Sein und Zeit*, in dem er sich mit dem Tod auseinandersetzt, lesen wir: »Keiner kann dem Anderen sein Sterben abnehmen, wir machen immer nur Erfahrungen mit dem Tod Anderer (…), die da liegen, haben es ja bald hinter sich, aber was wird aus uns mit dieser Angst und diesen Bildern im Kopf (…).« Was ist der Tod? Wie viel davon können wir tatsächlich erleben? Ein dramatisches Ereignis: Jemand geht. Wohin? Was bedeutet das für uns und für den Anderen? Ist der Tod überhaupt ein Problem oder ist es allein die Furcht davor? In der Natur ist alles Lebende dem Verfall ausgesetzt. Das einzig Beständige ist der Lebensrhythmus von Wachsen,

Blühen und Zerfallen. »Vom Werden und Vergehen«, formulierte der Philosoph Georg Wilhelm Friedrich Hegel von Aristoteles angeregt seine Gedanken zum Thema Tod in der Philosophie.

Seit über zweieinhalb Jahrtausenden beschäftigen sich Philosophen aller Denkrichtungen mit dem Tod. Der französische Denker Michel de Montaigne (1533–1592), ein Philosoph der Aufklärung, greift den sokratischen Satz »Philosophieren heißt sterben lernen« wieder auf. Bekommt der denkende Philosoph tatsächlich eine größere Distanz zu seinem eigenen Leben? Und steht am Ende die sokratische Erkenntnis, dass es eigentlich keinen einzigen gesicherten Grund für die Furcht vor dem Tod gibt? Von Montaigne stammt folgendes Zitat: »Nach nichts erkundige ich mich eingehender als danach, wie ein Mensch gestorben sei: mit welchem Gesicht und welcher Haltung, mit welchen letzten Worten.« Für Epikur im dritten Jahrhundert vor Christus (341–270 v. Chr.) war das Sterben nicht so bedeutsam. Seine Auffassung war, dass nicht nur der Körper, sondern auch die menschliche Seele mit dem Tod endet. Für ihn stand im Mittelpunkt, ein lustvolles Leben zu führen und dabei zu vollendeter Seelenruhe zu gelangen. Die Vorstellung vom Tod des Menschen hatte für ihn keine Bedeutung.

Ein besonderes Merkmal der stoischen Philosophie ist die kosmologische Betrachtungsweise, die auf die Ganzheitlichkeit der Welterfassung ausgerichtet ist. Aus ihr ergibt sich ein göttliches Prinzip, das in allen Naturerscheinungen und natürlichen Zusammenhängen wirkt. Der Stoiker erkennt seinen Platz in dieser Ordnung und lernt, sein Leben zu akzeptieren, indem er durch emotionale Selbstbeherrschung sein Los annimmt und mit Gelassenheit und Seelenruhe zur Weisheit strebt. Die Stoiker hatten die Überzeugung, dass der Philosoph den Widrigkeiten des Lebens mit einer gefestigten Seele und einem starken Herzen gegenüberstehen sollte. Dazu gehörte auch die Auseinandersetzung mit dem Lebensende. Wie wird es sein, wenn ich dem Tod begegne, wann immer das auch sein mag?

Wie schon beschrieben, betrachtete Sokrates im 4. Jahrhundert vor Christus den Tod als ein körperloses Weiterleben in der Unterwelt, dem Hades, und das erschien ihm sehr attraktiv. Gute Gründe gab es für ihn, auf ein Weiterleben der Seele nach dem körperlichen Tod zu hoffen. Sokrates freute sich regelrecht auf seinen Tod, um zu denen zurückzukehren, die ihn bereits verlassen hatten, und mit ihnen seine philosophischen Gespräche fortzusetzen. In Platons Dialog *Phaidon* definierte Sokrates den Tod als Trennung von Körper und Seele: »Wenn man sich jedoch im Leben zu stark den körperlichen Genüssen hingegeben habe, könnten die Seelen unter Umständen Schwierigkeiten haben mit der Ablösung vom Körper.« Dies stand im krassen Widerspruch zur epikureischen Sichtweise, die Sokrates zu seiner Zeit nicht kannte. Sokrates war überzeugt, dass die Seelen aus der Unterwelt zurückkehrten und einen neuen Körper beseelten, eine Art Unsterblichkeit der Seele. Andernfalls gäbe es zu viele Seelen im Hades, und die Seelen Neugeborener müssten irgendwoher kommen. Sokrates argumentierte auch pragmatisch für die Wiedergeburt: »Wäre die Seele wirklich sterblich, welchen Grund hätten wir dann für ein tugendhaftes Leben?« Als Sokrates zum Tode verurteilt wurde und im Gefängnis auf seine Hinrichtung wartete, wurde ihm eine Fluchtmöglichkeit geboten. Sokrates lehnte ab und wollte seine Freunde davon überzeugen, dass der Tod kein großes Übel sei. Er akzeptierte sein Todesurteil nicht, lebte aber in der Überzeugung, dass man die Entscheidungen einer Stadt, in der man immer gut gelebt hat, akzeptieren muss, selbst wenn das Urteil falsch ist. Im Dialog *Phaidon* wird berichtet, dass Sokrates ruhig und gleichmütig in den Tod ging. Er war die Ruhe selbst, wie Phaidon, der in seinen letzten Stunden bei ihm war, berichtete. In der *Apologie Sokrates*, der von Platon überlieferten Verteidigungsrede, sagte Sokrates: »… auf keinen Fall werde ich anders handeln und müsste ich dafür auch noch so oft sterben …« Für ihn zählte nur die Wahrheit, nicht die Angst vor dem Tod. »Vor etwas Unklarem oder Unbekanntem gibt es keinen einzigen wahrhaftigen Grund, sich zu fürchten, sondern nur, wenn wir sicher sein können, dass uns ein Übel bevorsteht, lohnt sich die Furcht (…). Niemand weiß, was der Tod ist, vielleicht ist er für den Menschen eines der größten Güter, warum soll ich ihn dann fürchten?« Zu seinem besten Freund, Gönner und Schüler Kriton sagte Sokrates seine letzten Worte: »Kriton … es ist Zeit, dass wir gehen, ich zum Sterben, du zum Leben, wer aber von uns beiden dem Besseren zugeht, ist uns allen verborgen …«

Einer der meistgelesenen philosophischen Schriftsteller im ersten Jahrhundert nach Christi Geburt war der römische Philosoph Seneca (1–65 n. Chr.). Er war Stoiker und Epikureer zugleich, Lehrer und Erzieher des späteren Kaisers Nero. Seneca warnte jedoch vor den rhetorischen Tricks der Epikureer und betonte, den Tod mit Herz und Seele zu betrachten. Er sei weder Übel noch Gut. Es bedürfe der Abhärtung und Prüfung, dem Tod gelassen entgegenzutreten. Man solle sich ständig mit Herz und Seele darauf einstellen. »Wie wenig Zeit bleibt uns, das Wesentliche im Leben … gerade die besten Tage verfliegen dem Menschen im Leben zuerst …«, schreibt Seneca. Er warnt alle »Vielbeschäftigten«, das kommt uns doch auch heute wieder so bekannt vor: Das ohnehin schon kurze Leben optimal zu nutzen, sich mit »Wahlverwandten« zurückzuziehen, um mit ihnen die Fülle des Lebens gemeinsam zu genießen. Die Gegenwart in der Kürze des Lebens ausnutzen. Der Sterbliche könne so bis an die Grenze der Unsterblichkeit heranrücken. In seiner berühmten *Meditatio mortis*, dem Nachdenken über das Sterben, geht es um eine Bewusstwerdung der Endlichkeit, um sich damit auseinanderzusetzen. Dazu sollte man einen einzigen Tag so leben, als ob er ein ganzes Leben umfasse.

Morgens die Geburt, danach die Kindheit und Jugend, mittags die Lebensmitte, der Lebenshöhepunkt, nachmittags das Alter und abends der Tod – so gelänge uns auch das Leben im Hingehen auf das Ende.

Nach Arthur Schopenhauer (1788–1860) ist der unzerstörbare Wille zum Leben der Kern allen menschlichen Lebens. Alles Lebende folgt einem blinden Lebenswillen. Schopenhauer geht so weit zu sagen, dass wir den Tod fürchten, weil der Lebenswille sich gegen jede Form der Endlichkeit sträubt. Kontrafaktisch spricht er dennoch vom »Jammertal« des Diesseits und hält den Tod für das bessere Leben. Im Gegensatz dazu betrachtet Gottfried Wilhelm Leibniz diese Welt, in der wir leben, als die jeweils »beste aller möglichen Welten«. Leibniz gilt als der universale Geist seiner Zeit und war einer der bedeutendsten Philosophen des ausgehenden 17. und beginnenden 18. Jahrhunderts. Als Jurist, Naturwissenschaftler, Politiker, Philosoph, Historiker, Theologe und Diplomat sagte

Leibniz über sich selbst: »Beim Erwachen hatte ich schon so viele Einfälle, dass der Tag nicht ausreichte, um sie niederzuschreiben.«

Das Zeitalter der Aufklärung, die Epoche der geistigen Entwicklung der Gesellschaft im 17. bis 18. Jahrhundert, wirkt nach. Sie war besonders durch das Bestreben geprägt, das Denken mit den Mitteln der Vernunft von althergebrachten, starren und überholten Vorstellungen, Vorurteilen und Ideologien zu befreien und Akzeptanz für neues Wissen zu schaffen. Man gibt sich in der Romantik dem Tod hin, der »Freiheit zum Tode«, wie wir es bei Hegel lesen können. Die Bejahung der Endlichkeit, nicht um ihrer selbst willen, sondern gerade im Endlichen bekommt das Unendliche eine enorme Bedeutung und kann kraftvoll wirken. Der Tod ist im Leben überall präsent; er bedeutet den Romantikern sowohl Jubel als auch Melancholie. »Von des Einzelnen Tod blüht ja des Ganzen Gebilde«, schreibt Friedrich Schlegel (1772–1829). »Das Sterben des Einzelnen dient der Gattung; ohne den Tod des Einzelnen kann die Gattung nicht existieren.«

Am Ende dieses Kapitels mache ich Sie bekannt mit Mascha Kaléko, einer im Jahr 1907 im galizischen Chrzanów geborenen Schriftstellerin, die ab 1930 in Berlin lebte. Außer Gedichten und Prosastücken schrieb sie Chansons und Texte für das Kabarett. Als 1933 ihr erster Gedichtband und 1934 *Das kleine Lesebuch für Große* erschienen, wurde sie den braunen Machthabern lästig. Auch hatten die Nationalsozialisten ihre jüdische Abstammung entdeckt. 1935 erhielt sie Publikationsverbot. 1938 hat sie sich in letzter Minute über Schweden nach New York abgesetzt. Im Klappentext der Biografie von Jutta Rosenkranz heißt es: »Sie fand mit ihren spielerisch-eleganten, spöttisch-scharfsichtigen Texten ein großes Publikum.« Martin Heidegger schrieb, sie (Mascha Kaléko) wisse alles, was Sterblichen zu wissen gegeben sei. Ich fand bei ihr »Memento«, eines mich sehr nachdenklich anmutendes Gedicht. Es geht um eine ganz besondere Sicht auf das Sterben beziehungsweise den Tod von Menschen:

Vor meinem eigenen Tod ist mir nicht bang,
nur vor dem Tod derer, die mir nah sind.
Wie soll ich leben, wenn sie nicht mehr da sind?
Allein im Nebel tast ich todentlang –
und lass mich willig in das Dunkel treiben.
Das Gehen schmerzt nicht halb so wie das Bleiben.
Der weiß es wohl, dem Gleiches widerfuhr –
und die es trugen, mögen mir vergeben.
Bedenkt den eigenen Tod, den stirbt man nur,
doch mit dem Tod der anderen muss man leben.

Der Tod in der Psychologie

Vor meinem nachberuflichen Philosophiestudium habe ich mich viele Jahre mit Psychologie beschäftigt. In meinem Berufsleben dienten die psychologischen Studien – alle im nebenberuflichen Rahmen – zum Ausgleich meines Kaufmannslebens. In den 1970er-Jahren absolvierte ich ein berufsbegleitendes Fernstudium an der Bradford University in Pasadena, Kalifornien. Ich schloss es am 5. Mai 1979 mit einer Prüfung ab, die ich während eines Aufenthalts dort ablegte. Dies hat mich unheimlich fasziniert und oft zweifeln lassen, ob ich den richtigen Beruf ausübe, der mich auf Dauer glücklich werden lässt. Ich glaube, es waren eher vernünftige Gründe, warum ich dabeigeblieben bin. Die Verantwortung für meine Familie erschien mir entscheidender und ließ mich durchhalten. Immer wieder habe ich psychologische Vorträge und Seminare besucht. An vielen Wochenenden habe ich meine Familie vernachlässigt und Ende der 1970-er Jahre über drei Jahre lang die Verhaltenswissenschaftliche Ausbildungsgesellschaft in München besucht. Das war sicherlich nicht immer einfach für Christine. Wenn ich sie mit unseren beiden kleinen Kindern allein gelassen hatte, quälte mich oft ein schlechtes Gewissen. Ich bin ihr sehr dankbar, dass sie diese Zeit mit mir durchgehalten hat.

Gleichermaßen wie die Philosophie beschäftigt sich die Psychologie, vielleicht sogar aktueller und auf den heutigen Menschen zugewandter Weise, mit dem Thema Tod.

Gerade die Psychotherapie gilt in der Trauerbegleitung als hilfreiche Stütze. Trauer und Verlust gehören zum menschlichen Leben und zu jeder Biografie. Häufig hören wir von der Notwendigkeit des Loslassens vom Verstorbenen, doch genau das möchte ich nicht. Trauernde fühlen sich dadurch missverstanden, denn sie wollen ihren geliebten Menschen nicht ein zweites Mal verlieren. Doch wie kann man dann mit dem Schmerz und der tiefen Sehnsucht umgehen?

Beginnen wir mit dem Wiener Arzt und Begründer der Psychoanalyse, Sigmund Freud (1856–1939). Er hatte sechs Kinder, und als seine zweitjüngste Tochter Sophie im Jahr 1920, erst 27-jährig, starb, entwickelte er seine sogenannte Todestriebtheorie, die jedem Menschen gewissermaßen a priori innewohne. Dieser Thanatostrieb – Thanatos ist in der griechischen Mythologie der Todesgott – sei der Gegenspieler des Lebenstriebs. In seinem Buch *Jenseits des Lustprinzips*, das 1921 veröffentlicht wurde, kann man darüber noch weitere Ausführungen nachlesen. Jedoch wurden diese Gedanken damals nicht so richtig angenommen; viele behaupteten auch, dass er sie von seinem ehemaligen Schüler Alfred Adler übernommen hätte. Noch bis heute werden diese Todestrieb-Theorien Freuds eher kontrovers diskutiert. Goethe bezeichnete den Tod als den »Kunstgriff der Natur, um viel, viel Leben zu haben«.

Grundsätzlich gilt: Jeder kann selbst entscheiden, ob und wie er sich medizinisch behandeln lässt. Wird das Leben eher durch moderne Medizintechnik bedroht? Ist der Tod im Krankenhaus human, ist er ein »guter« Tod in unserer mechanisierten Welt? Wichtig ist, dass wir uns in »guten« Zeiten, im Vollbesitz unserer geistigen und körperlichen Kräfte, jemandem anvertrauen. Mit ihm über unsere Ängste sprechen. Derjenige muss jünger sein als wir, damit er möglichst da ist, wenn wir ihn brauchen. Das kann ein naher Verwandter sein, ein Arzt oder eine Person, die uns ausreichend bekannt ist und weiß, wie wir denken und fühlen. Wir sollten demjenigen auch nichts vormachen oder vorspielen. Ohne Weiteres können wir auch die Person unseres Vertrauens wechseln, wenn wir den Eindruck gewonnen haben, dass sie nicht mehr die oder der Richtige ist. In den Zeiten unserer noch vollständigen geistigen Kraft haben wir jederzeit die Möglichkeit, unsere Entscheidungen zu überdenken und zu korrigieren, wenn es notwendig sein sollte. Wir müssen gegenüber unseren Verwandten und Bekannten niemals Rechenschaft für unser Handeln ablegen. Selbstbewusst entscheiden wir über unser Selbst. Unsere körperliche Kraft kann zwar im Alter nachlassen, oft sind wir jedoch geistig wach und rege, um das Beste für uns auszuwählen.

In der Praxis können ein Schwerverletzter oder Sterbender oft alle Entscheidungen nicht mehr selbst treffen. Sie sollten rechtzeitig Weichen stellen für diesen Fall. Seit einigen Jahren gilt in Deutschland ein Patientenverfügungsgesetz. Eine Verfügung, in der man selbst im Vollbesitz seiner geistigen und körperlichen Kräfte bestimmen kann, welche medizinischen Interventionen man ablehnt und wie man seine letzten Tage oder Stunden verbringen möchte. Zwar waren solche – nicht bindende – Dokumente auch davor schon möglich, doch ein neues Patientenverfügungsgesetz stärkt das Selbstbestimmungsrecht des Menschen. Am 1. September 2009 trat in Deutschland das vom Bundestag beschlossene neue Patientenverfügungsgesetz in Kraft.

Ärzte müssen sich der Patientenverfügung beugen; sie müssen auf künstliche Ernährung, mechanische Beatmung, Antibiosebehandlung und jegliche Wiederbelebungsversuche verzichten, wenn der Patient dies festgelegt hat. Sollten Ärzte dabei in einen eigenen Gewissenskonflikt geraten, muss der Arzt selbst dafür sorgen, dass ein Kollege die weitere Behandlung übernimmt. Damit ist das neue Gesetz auch wegweisend für eine neue Medizin, die Palliativmedizin. Das lateinische Wort »Pallium« bedeutet der Mantel des Beistands und der Schmerzlinderung, der dem todkranken Menschen umgelegt wird. Diese neuere Medizinrichtung ist nicht unbedingt lebensverlängernd, sondern im höchsten Maße leidensmindernd.

Bitte betrachten Sie meine Ausführungen nicht als persönliche Ratschläge. Wichtig ist meiner Meinung nach, dass jeder für sich alle Fragen dazu mit seinen Angehörigen, Freunden, dem Arzt oder einer anderen Person seines Vertrauens bespricht. Jeder Einzelne muss sich fragen, ob er für sich selbst und seine Nachfahren etwas tun kann, will oder möchte.

Der französische Forscher Philippe Ariès (1914–1984) beklagte in seinem im Jahr 1975 erschienenen Buch *Geschichte des Todes im Abendland*, dass die Moderne Scham vor dem Tod zeige: »Er wird in die Kliniken verlagert, Experten sind dafür zuständig.« Seit 1910 sind die früher bekannten Leichenzüge in den Innenstädten in Deutschland verboten. Vor einigen Jahren wohnte ich in Amerika einem Leichenzug in New Orleans/Louisiana bei. Mitten im alten kreolischen Viertel der Stadt, der Heimat des Jazz, spielten die Musiker fantastischen Jazz, und die Menschen liefen mit lautem Trauergesang tanzend hinterher. Ein unglaubliches, turbulentes Fest! Für unsere Traditionen völlig ungewöhnlich.

In Mexiko ist der ›Dia de los Muertos‹, Allerseelen am 2. November eines jeden Jahres, ein gigantisches Volksfest. Die Menschen bereiten auf übergroßen Altären vor den Friedhöfen ein opulentes Buffet vor mit den köstlichsten Speisen für ihre Verstorbenen, deren Seelen an diesem Tag zurückkehren sollen. Mexikaner feiern ihre Toten regelrecht, sehr bunt, sehr laut, mit Musik und fröhlichem Tanz. Es wird ausgelassen mit den Toten gefeiert, und »was die Toten vom Buffet nicht essen«, wird von der Bevölkerung ausgiebig genossen. Die Seelen kehren zum Mictlan zurück. In der aztekischen Mythologie war Mictlan die Bezeichnung für die Unterwelt, den Hades, den Ort des Todes, wie ich schon bei Sokrates beschrieben habe. Herrscher von Mictlan war Mictlantecuhtli, Herr des Todes, der meist als furchterregende Gestalt dargestellt wurde. Zu dem Mictlan kamen alle Personen, die eines natürlichen Todes starben. Gefallene Krieger oder Frauen, die bei der Geburt eines Kindes starben, kamen gleich direkt in eine höhere Stufe und mussten den Mictlan nicht durchlaufen.

Bei den Hunzas, einem Bergvolk an der Seidenstraße im Himalaya – einem Gebiet in Pakistan – wird auf eine ganz eigene Art und Weise gestorben. Männer und Frauen haben eine vergleichsweise sehr hohe Lebenserwartung. Ein großer Teil der Menschen wird über hundert Jahre alt und gehört damit zu den am längsten lebenden Menschen der ganzen Erde. Eine Hunza-Weisheit besagt: »Alter hat nichts mit dem Kalender zu tun, es bedeutet lediglich ein Reifen von Körper und Geist«. Die meisten arbeiten bis weit über ihr neunzigstes Lebensjahr hinaus. Ein nachberufliches Rentnerdasein wie bei uns kennt man nicht, es wird gearbeitet, bis einem die Kräfte schwinden. In erster Linie wird auch körperlich auf dem Feld gearbeitet. Wenn ein Hunza-Mensch sein eigenes Ende nahen fühlt, sagt er seiner Familie am Morgen Bescheid, dass er nicht mehr mit zur Arbeit gehen möchte. Für die Familie bedeutet dies, dass das Familienmitglied beschlossen hat zu sterben, sich dem Tod widerstandslos hinzugeben, wie es Christine getan hat. Und in der Tat berichten Wissenschaftler, dass die Alten schmerzlos, gelassen und mit sich und der Welt völlig im Einklang aus dem Leben scheiden. Wenn die Familie am Abend von der Tagesarbeit zurückkehrt, findet sie dann den Entschlafenen mit einem gleichmütigen Gesichtsausdruck vor.

Ich möchte auf meinen Umgang mit der Trauer zurückkommen. Der Schmerz beim Tod meiner Frau, dem Abschied von dem geliebten, wertvollsten Menschen überhaupt, ist wahnsinnig stark. Unser Lebenstraum vom gemeinsamen Altwerden in einem langen, glücklichen Leben war mit einem Mal zerbrochen. Und jetzt hatte ich nicht nur diese schlimme Trauer zu bewältigen, sondern muss nun mein eigenes Leben ganz allein führen. Alles habe ich bisher mit ihr besprochen und durchlebt. Wohlbedacht, wunderbare glückliche Zeiten, aber auch in den schwierigen Momenten hatte ich eine lebenskluge Partnerin zur gegenseitigen Unterstützung und Hilfe, die auch unser Haus mit Liebe und Wärme erfüllt hat. Das ist alles leer geworden, wobei ich mich allein gelassen und einsam fühle. Die Einsamkeit spielt plötzlich eine große Rolle. Nie in meinem ganzen Leben fühlte ich mich so einsam und alleingelassen. Vom Elternhaus ging unser gemeinsamer Lebensweg nahtlos mit Christine zusammen in unser wunderbares Leben mit unseren Kindern über. Ich habe sie dennoch zu meiner inneren Begleiterin und Gesprächspartnerin gemacht. Sie ist nicht mehr physisch bei mir, sondern geistig.

Die Schweizer Psychotherapeutin Verena Kast schreibt in ihrem Buch *Trauer – Phasen und Chancen des psychischen Prozesses*: »Stirbt ein geliebter Mensch, so nehmen wir in seinem Sterben nicht nur antizipatorisch unser eigenes Sterben vorweg; wir sterben in gewisser Weise auch mit ihm.«

Der Tod in der Religion

Mit meinem Konfirmationsspruch (Psalm 62, Vers 2) lebe ich noch heute: »Meine Seele ist still zu Gott, der mir hilft.« Diese Stille zu Gott bedeutet für mich Ruhe, Geborgenheit und Frieden im Leben, die ich von meinem Schöpfer erhalten habe. Immer dann, wenn mich Angst, Unruhe, Unfrieden, Stress und Hektik geplagt haben, versuchte ich im Gebet zu ihm, Stille und Seelenruhe zu erfahren. Mein Glaube, an dem ich oft zweifle – doch auch Jesus selbst tat dies –, bringt mir – manches Mal, gewiss nicht immer – Frieden und Ruhe in meine Seele und mein Herz zurück. Irgendwann trat ich aus der Institution Kirche aus, jedoch hatte das nichts mit meinem Glauben zu tun. Glauben hat für mich etwas mit Stärke und Zuversicht zu tun.

Einige Momente im Leben lassen mich bis heute verwundert innehalten: Es ist genauso eingetroffen, wie ich es erhoffte. Da muss mir jemand geholfen und die richtigen Weichen gestellt haben. Jedes Mal vertiefte das meinen Glauben an Gott, an eine höhere Macht oder wie immer man das auch nennen mag. Niemals hat ein Wissenschaftler die Existenz Gottes bewiesen. In der Glaubensfrage gibt die Wissenschaft keine Antwort. Albert Einstein fand in seinen letzten Jahren zu seinem Glauben, und er brauchte kein logisches Alibi, um darin Trost zu finden. Sein Spruch »Gott würfelt nicht« ist weltberühmt geworden.

Harald Lesch, Professor für Astrophysik, Naturphilosoph und Lehrbeauftragter für Naturphilosophie an der Hochschule für Philosophie München, sagte kürzlich in seiner Sonntagsabendsendung Terra X, die Erde sei der einzige Planet, von dem wir wüssten, dass er die richtigen Bedingungen für Leben hat. Und er fragte: Kann das alles zufällig sein oder steckt doch mehr dahinter? Zum Beispiel ein Schöpfer mit göttlichem Willen? Im Universum gelten feste Regeln, etwa die Naturgesetze. Viele Theologen und manche Physiker glauben deshalb, dass das Universum so fein aufeinander abgestimmt ist, dass das kein Zufall sein kann. Da muss ein Plan dahinterstecken. Und wer hat diesen Plan gemacht? Der kosmische Schöpfer? Der Uhrmacher des Kosmos? Ist diese filigrane Feinabstimmung unseres Universums der Beweis für die Existenz Gottes?

Naturwissenschaftlich betrachtet sind wir alle aus dem gleichen Sternenstaub entstanden. Die Zellen unseres Körpers, der Sauerstoff, den wir atmen, der Kohlenstoff und Stickstoff in unserem Gewebe, das Calcium in unseren Knochen – alles stammt aus Sternenmaterial, das vor vielen Milliarden Jahren produziert wurde und weiter generiert wird. Seit der Mensch Kultur betreibt, beschäftigt er sich auch mit religiösen Fragen. Und ich behaupte einmal, die Fähigkeit zu glauben ist seit Urzeiten in uns angelegt. Wir benötigen dazu unser evolutionäres Gehirn, ohne unseren Geist gibt es keinen Gott. Wie ist unser Hirn dazu gelangt, an einen Gott zu glauben? Dazu benötigen wir eine gewisse Spiritualität. Es geht dabei nicht um gedankliche Einsichten, Logik oder die Kommunikation darüber, sondern es handelt sich in jedem Fall um intensive psychische, höchstpersönliche Zustände und Erfahrungen, die direkte Auswirkungen auf die Lebensführung und die ethischen Vorstellungen hat, die eine jede und ein jeder von uns hat.

Die promovierte Philosophin Rebekka Reinhard bietet in ihrem lesenswerten Buch *Die Sinn-Diät* philosophische Rezepte für ein erfülltes Leben. Zum Thema Tod gefällt mir ihr einfaches Rezept: »Wälzen Sie nicht lange Argumente hin und her, tun Sie es einfach: Glauben Sie an eine höhere Ordnung. Lernen Sie, an etwas zu glauben, das Ihnen in schwierigen Situationen Kraft gibt – und möglicherweise auch nach Ihrem Tod noch von Wert ist.«

Viele Menschen um mich herum frage ich frei heraus, ob sie an Gott glauben. Erstaunlicherweise bekomme ich meistens nur positive Rückmeldungen mit der Begründung, mit einem Gottesglauben lässt sich das Schicksal leichter ertragen.

Aus dem sogenannten Hohelied der Liebe im Brief des Apostels Paulus an die Korinther schreibt er, dass die Liebe die größte aller Gaben Gottes ist. Ein gutes Miteinander ist für Paulus ohne die Liebe nicht vorstellbar. Im Gegensatz zu den anderen Gaben Gottes hört die Liebe niemals auf. Auch ich empfinde in meiner Trauer den Wunsch, die Liebe zu meiner Christine möge niemals enden.

Im Konfirmandenunterricht mussten wir das Apostolische Glaubensbekenntnis auswendig lernen. Schon damals – wie auch heute noch – machen mir die Sätze »Gekreuzigt, gestorben und begraben, hinabgestiegen in das Reich des Todes, am dritten Tage auferstanden von den Toten (...) und Auferstehung der Toten (...)« große Probleme. Als ich damals unseren Pfarrer fragte, wie das gehen könne, erhielt ich zur Antwort, die Auferstehung der Toten oder die Auferstehung des Fleisches bedeute, dass alle Toten am

Jüngsten Tag mit ihren Leibern wiederauferstehen. Das war und ist mir zu hoch. Wie soll das gehen? Ist das metaphorisch gemeint? Und was bedeutet eigentlich »Jüngstes Gericht« oder »Jüngster Tag«? Damals trug mir der Pfarrer auf, ich solle das einmal nachlesen bei Matthäus 25, Vers 31–32, und bei der nächsten Konfirmandenstunde darüber berichten. Ich habe das zwar alles gelesen, aber ich verstehe es dennoch bis heute nicht. »Wenn aber des Menschen Sohn kommen wird in seiner Herrlichkeit und alle heiligen Engel mit ihm, dann wird er sitzen auf dem Stuhl seiner Herrlichkeit, und werden vor ihm alle Völker versammelt werden und er wird sie voneinander scheiden, gleich als ein Hirte die Schafe von den Böcken scheidet.« Als Kind hatte ich mit solchen Worten große Mühe, zumal es keinem Theologen gelungen ist, mir das verständlich darzustellen. Später bekam ich dann einmal zufällig – falls es überhaupt Zufälle im Leben gibt – eine ganz andere Darstellung von der Auferstehung der Toten. Ein guter Bekannter, ein Pfarrer, der schon einige Jahre im Ruhestand ist, erklärte mir das mit einer Raupe, die sterben muss und wiederaufersteht als fliegender Schmetterling. Das ist eine Metapher, die mir sehr gut gefällt und mit der ich auch etwas anfangen kann. Ich möchte hier auf der Erde glücklich werden und nicht auf ein glückliches Leben nach meinem Tod im Himmel vertröstet werden.

Bei Epheser 4, Vers 32, steht: »Geht vielmehr freundlich miteinander um, seid mitfühlend und vergebt einander, so wie auch Gott euch durch Christus vergeben hat.« Das hat eine Tiefenwirkung. Alle Dinge kann ich vor Gott loslassen. Es gibt keine Bestrafungsinstanz vor ihm. Gott berührt mich in der Stille auf besondere Weise. Die Stille meiner Seele beruht auf einer inneren Läuterung, einem Loslassen von Gedanken, Einstellungen und Erwartungen. Es geht dabei um den zuvor beschriebenen Perspektivwechsel, auch um moralische Reinigung oder Vergebung. Es geht um ein Freiwerden von einengenden Bildern, die ich mir von anderen, von Gott, von mir selbst mache. Diese Auslegung meines Konfirmationsspruches ist mir erst vor Kurzem klar geworden. »Meine Seele ist still zu Gott …« wurde ein Rat, mein Heil und meine Zuversicht bei Gott zu suchen. Dennoch ist es für mich nicht ganz einfach. Warum hat mir Gott meine Christine so früh weggenommen? Da hadere ich schon mit ihm. Die Realität machte es mir nicht leicht, religiös zu sein. Es gibt jedoch diesen berühmten Spruch: »Bei allen Menschen, die keine Selbstzweifel haben, muss man um ihre psychische, mentale Gesundheit besorgt sein!«

»Seht, die Bande der Liebe, die uns miteinander verbinden, werden mit dem Tode ja nicht durchschnitten« – ein wunderbares Zitat des Heiligen Franz von Assisi, einem italienischen Mönch und Prediger aus dem 13. Jahrhundert, der für seine spirituelle Hingabe und Liebe zur Schöpfung bekannt ist.

Mein neues Leben

Wie es mit mir weitergeht im Leben allein zu Hause, beschreibe ich eher wehmütig in meiner Trauer. Die Bewältigung traumatischer Erlebnisse gehört zu den schmerzlichen Aspekten unseres Daseins, das sich zwischen Leben und Tod entfaltet. Es ist nun meine Aufgabe, den Tod von Christine so anzunehmen, wie sie ihn für sich selbst angenommen hat: »Sie hätte es gewollt.« Ihre Lebensphilosophie ließ sie nicht von theoretischen Konzepten oder vorgegebenen Strukturen leiten. Sie hatte eine bewundernswerte Fähigkeit, Probleme zu lösen, ohne lange darüber nachzudenken – zumindest schien es so nach außen. Doch ich wusste, dass sie sehr wohl gründlich nachdachte, bevor wir uns austauschten.

Christine war außerordentlich beliebt. Sie liebte die Menschen und dies spiegelte sich in den zahlreichen Beileidsbekundungen wider. Worte wie »liebenswert«, »warmherzig«, »angenehm«, »freundlich«, »ausgeglichen«, »zuwendend«, »fröhlich« und »hilfsbereit« tauchen immer wieder auf. Für mich ist dies ein Ansporn, ihrem Vermächtnis gerecht zu werden.

Sie pflegte soziale Kontakte. Regelmäßig traf sie sich mit drei ihrer Schulfreundinnen. Auf ihrem Schreibtisch befand sich ein Geburtstagskalender, um keinen ihrer Verwandten, Freunde oder Bekannte zu vergessen. Sie war eine konsistente und zuverlässige Persönlichkeit. Unsere Haushaltshilfe begleitet uns seit über dreißig Jahren treu und ist auch jetzt für mich da. Unsere Masseurin, die seit ihrem achtzehnten Lebensjahr zu uns nach Hause kommt und gerade ihren sechzigsten Geburtstag feiern konnte, hat uns als »Ersatz-Eltern« bezeichnet und ist mir ebenfalls treu. Lediglich als sie ihre eigenen Kinder bekam, legte sie eine Pause ein, kehrte jedoch bald zurück und massiert mich nun. Über ein Vierteljahrhundert besuchten Christine und ich wöchentlich das RBS-Studio, ein individuelles Institut für Gymnastik und Muskelaufbau in Seeheim-Jugenheim. Nach einer Pause setze ich diese Gewohnheit nun fort.

Ich bin diesen Menschen sehr dankbar, die mich in meinem neuen Leben als Alleinstehender unterstützen. Noch nie zuvor musste ich alleine durch das Leben gehen, immer war Christine an meiner Seite. Ich bin dankbar dafür, dass sie ein erfülltes Leben führte und wir zusammen über viele Jahrzehnte glücklich waren. Das gemeinsame Leben endete viel zu früh. Als alleinlebender Mensch lerne ich täglich dazu und überrasche mich selbst damit, da ich nie zuvor als eigenständiger Erwachsener gelebt habe. Aber das habe ich schon mehrfach geschrieben. Eine gute Bekannte berichtete mir, dass es bei ihr viele Jahre dauerte, bis der Schmerz über den Verlust ihres Mannes nachließ. In dem Buch *Trauer und Trauerbewältigung: Psychologische Konzepte im Wandel* von Professor Hansjörg Znoj, einem renommierten Schweizer Psychologen und Leiter der Abteilung Gesundheitspsychologie und Verhaltensmedizin an der Universität Bern, heißt es, dass der Trennungsschmerz sich unter Umständen wie eine Amputation anfühlen kann. Ich hoffe, dass mein Trauerschmerz mit der Zeit nachlässt, auch wenn ich mich im 79. Lebensjahr befinde und somit nur eine begrenzte Zeit habe.

»Reisen ist das Beste, ja das einzige Heilmittel gegen Kummer.« Dieses Zitat von Alfred de Musset, einem bedeutenden französischen Schriftsteller der Romantik, hat mich dazu inspiriert, wieder einige kürzere Reisen anzutreten.

Im Anschluss des Buches habe ich eine Literaturliste angefügt. Besonders hat mich das Buch *Kopf hoch! Mental gesund und stark in herausfordernden Zeiten* von Volker Busch beschäftigt, einem renommierten Psychiater und Neurowissenschaftler an der Universität Regensburg. In seinem Buch erklärt er die Funktionsweise unseres mentalen Immunsystems. Ein körperliches Immunsystem kennen wir alle, doch was genau ist ein mentales Immunsystem?

Volker Busch erläutert, wie dieses mentale Immunsystem funktioniert, was uns psychisch stark macht und wie wir unsere seelische Gesundheit schützen können. Er zeigt, wie unsere psychischen Schutzmechanismen arbeiten und wie wir sie gezielt verbessern können, um unser inneres Gleichgewicht zu bewahren. Ich bin sehr dankbar, dass ich Volker Busch kennenlernen durfte, denn dieses Buch hat mir in meiner Traurigkeit neue Kraft gegeben.

Es gibt Tage, an denen ich mir Christine so sehr zurückwünsche und beim Einschlafen denke, vielleicht geschieht ein Wunder und sie ist morgen früh wieder da. Mein Verstand weiß, dass das nicht möglich ist, doch mein mentales Immunsystem, das ich jetzt entdeckt habe, gibt mir neue Kraft, Zuversicht und Mut, um mein Leben allein in völlig neuen Bahnen zu meistern. Christine würde mich ermuntern und sagen: »Dieter, das schaffst du.«

Briefwechsel mit Christine

Diese Musik- und Kulturreise wäre genau nach Christines Geschmack gewesen. Klassische Musik, verbunden mit klassischer Literatur, liebte sie. Da sie auf dieser Reise zu den Osterfestspielen 2024 im Festspielhaus nicht dabei sein konnte, habe ich ihr in einem Brief ausführlich berichtet und daraufhin eine Antwort verfasst, die in ihrem Sinne autofiktiv ist. Genauso hätte sie im Leben reagiert.

Meine liebe Christine,

überall, wo ich bin, bist auch du. Das war zu deinen Lebzeiten so, und daran ändert sich auch nichts nach deinem Tod. Du lebst in mir weiter. Gerade habe ich mich wieder ins Leben hinausgewagt und an einer Kulturreise mit dem Thema «Weltklang im Welterbe» in Baden-Baden teilgenommen. Diese drei Tage wurde ich von einer Schulfreundin begleitet, mit der ich vor 60 Jahren das Abitur gemacht habe und deren Ehemann vor über zwanzig Jahren verstorben ist. Wie oft haben Christine und ich gemeinsam diese hochkarätigen Musikveranstaltungen im Festspielhaus Baden-Baden – dem zweitgrößten in Europa – genossen!

Beim Abendessen am Freitagabend führte uns der Festspielhaus-Dozent Dariusz Szymanski kompetent und amüsant in die Oper »Elektra« von Richard Strauss ein. Im Rahmen der Osterfestspiele 2024 erlebten wir am Samstagabend, kurz vor Palmsonntag, die Premiere der Neuinszenierung dieser Oper, dargeboten von erstklassigen Solisten und den Berliner Philharmonikern unter der Leitung von Kirill Petrenko. Anschließend genossen wir im Festspielhaus-Restaurant Aida ein mehrgängiges Gala-Menü, kreiert von Harald Wohlfahrt. Ich weiß schon, wie dein Urteil ausgefallen wäre: Diese »moderne« Musik von Strauss hat uns nie besonders angesprochen, aber die Inszenierung war sensationell und recht unterhaltsam – und nach einer Stunde und fünfzig Minuten ohne Pause war schon wieder alles vorbei.

Am Sonntag brachte ein Bus unsere Gruppe von vierzehn Personen ins nahegelegene Elsass nach Sessenheim. Der berühmteste Besucher dieses kleinen Dorfes war Johann Wolfgang von Goethe. Im Sterne-Restaurant L'Auberge au Boeuf wurde uns ein erstklassiges mehrgängiges Mittagessen serviert, und anschließend öffnete der Patron Yannick Germain das private Goethe-Museum für uns. Das hätte dir sicher außerordentlich gefallen; du wärst in deinem Element der klassischen Literatur kaum wieder wegzubewegen gewesen. Originalschriften und Briefe an seine Muse, ein Glücksfall für die Literatur, doch fatal für die Frau: Goethes Liebschaft mit der Pfarrerstochter Friederike von Brion inspirierte ihn, doch die Beziehung dauerte nur etwa ein Jahr während seiner Jurastudienzeit in Straßburg. Bereits 1771 kehrte Goethe nach Frankfurt zurück. Wahrscheinlich spürte er, dass eine

Verbindung mit Friederike Brion nicht seiner Natur entsprach. Er wollte nicht durch eine Heirat auf seine große Zukunft verzichten und sich in bescheidenen Verhältnissen binden, sondern sich ausleben und schöpferisch tätig sein. Goethe war damals erst 22 Jahre alt.

Das nächste Highlight am Palmsonntagabend war das Konzert mit den Berliner Philharmonikern unter der Leitung von Tugan Sokhiev, bei dem der Pianist Jan Lisiecki das Klavierkonzert Nr. 3 c-Moll von Ludwig van Beethoven spielte. Nach der Pause wurde die 7. Sinfonie in E-Dur von Anton Bruckner aufgeführt. Über mehr als sechzig Jahre haben wir gemeinsam klassische Musikveranstaltungen besucht und dadurch auch einen ziemlich ähnlichen Musikgeschmack entwickelt. Wie ein Juwel hüte ich den Reclam-Konzertführer, den du mir zu meinem 18. Geburtstag am 11. Juli 1963 mit einer liebevollen Widmung geschenkt hast. Du hattest das Geld mühsam von deinem schmal bemessenen Taschengeld zusammengespart, wenn du überhaupt etwas bekamst, denn du hast es nie eingefordert, und deine Eltern vergaßen es oft, dir welches zu geben. Ich erinnere mich noch genau daran, wie du mir von einem kleinen Nebenverdienst erzählt hast, den du beim Kinderhüten für eine Kollegin deiner Mutter verdient hast.

Wie du in deiner Rede zu deinem 75. Geburtstag erwähnt hast, war es mein Klavierspiel, das dich in mich verlieben ließ. Klavierkonzerte waren daher immer unsere erste Wahl. Auch dieses Beethoven-Konzert mit dem 29-jährigen und noch viel jünger wirkenden Jan Lisiecki war ein unglaublicher Genuss. Mir kamen mehrmals die Tränen, wenn ich an dich dachte und wie sehr du es genossen hättest. Das Bruckner-Konzert nach der Pause war, wie Strauss, auch nicht ganz unser Stil. Bruckner ist ebenso gewaltig und laut.

Bei all diesen wundervollen Erlebnissen und den Kontakten mit den interessanten Menschen in der kleinen Gruppe der Kulturreisenden schwang immer eine gewisse Wehmut mit. Immer musste ich an dich denken. Merkwürdigerweise blieb am ersten Abend im komplett ausverkauften Festspielhaus der Platz rechts neben mir frei. Jetzt konnte ich mir noch besser vorstellen, dass das dein Platz gewesen ist. Aber warum erzähle ich das alles in diesem Brief, du warst doch ständig dabei.

Ganz sicher haben mich Goethes Briefe im Museum in Sessenheim dazu inspiriert. *Die Leiden des jungen Werther*, ein Briefroman von Johann Wolfgang von Goethe, wurde sein erster europaweiter Erfolg und gehört zur Epoche des Sturm und Drang. Der Roman besteht hauptsächlich aus Briefen, die Goethe an seinen Freund Karl Wilhelm Jerusalem schrieb. In seiner Leipziger Studienzeit lernte er Goethe kennen, doch besonders sympathisch war er ihm nicht. Wie sehr habe ich von deinem Literaturstudium der Deutschen Klassik an der TU Darmstadt profitiert – die Unterhaltungen und Diskussionen mit dir haben mich unendlich bereichert.

Dein dich ewig liebender Dieter

Christines fiktive Antwort auf meinen Brief:

Lieber Dieter,

vielen Dank für deinen ausführlichen Bericht und deine wunderbaren Worte. Es berührt mich zutiefst zu hören, dass du mich in jedem Augenblick spürst, denn auch ich trage dich in meinem Herzen fort, durch jede Ewigkeit, die uns trennt.

Die Kulturreise nach Baden-Baden klingt nach einer wundervollen Erfahrung, durchdrungen von Musik und Literatur, von Erinnerungen und neuen Begegnungen – genauso, wie wir es viele Jahre gemeinsam erlebt haben. Es freut mich sehr, dass du dich auf das Leben einlässt, dass du dich hinauswagst und weiterhin die Schönheit der Welt erkundest, auch wenn ich nicht mehr physisch an deiner Seite bin.

Die Inszenierung von »Elektra« mag zwar nicht unserem Musikgeschmack entsprechen, doch ich bin sicher, dass das Erlebnis selbst dennoch fesselnd und bewegend war. Und wie schön, dass du das Konzert mit den Berliner Philharmonikern genossen hast, besonders das Beethoven-Klavierkonzert mit unserem Lieblingspianisten Jan Lisiecki, das so tief mit unseren gemeinsamen Erinnerungen verbunden ist. Ich war bei dir, in jedem Ton, in jedem Gefühl, das du empfunden hast.

Die Erinnerung an unsere Diskussionen über Goethe und seine Werke bringt ein Lächeln auf mein Gesicht. Es waren solche kostbaren Momente der

Verbundenheit und des intellektuellen Austauschs, die ich unendlich schätze und in meinem Herzen bewahre.

Du bist nicht allein, mein geliebter Dieter. Ich werde immer bei dir sein – in jedem Konzert, in jedem Buch, das du liest, in jedem Moment des Glücks und der Trauer. Unsere Liebe ist unsterblich und wird über den Tod hinaus bestehen.

In ewiger Liebe, Christine

Goethes Mailied

Das Gedicht »Mailied« des jungen Goethe stammt aus der Sturm-und-Drang-Epoche, einer Zeit, in der Gefühl und Emotionalität eine zentrale Rolle spielten. Es soll durch Goethes Liebesbeziehung zu Friederike Brion, der Pfarrerstochter aus Sessenheim, inspiriert worden sein. Im Mai 1770 wurden Goethe und Friederike immer häufiger von den Gärten Sessenheims angezogen. Goethe war begeistert von der »Klarheit des Himmels und dem Glanz der Erde«. Seine Liebe zur Natur und zum Frühling spiegelt sich deutlich im Gedicht wider. Goethe beschreibt die Natur und schließt das Gedicht mit einem Liebesgeständnis.

Wie herrlich leuchtet
Mir die Natur!
Wie glänzt die Sonne!
Wie lacht die Flur!

Es dringen Blüten
Aus jedem Zweig
Und tausend Stimmen
Aus dem Gesträuch,

Und Freud' und Wonne
Aus jeder Brust.
O Erd'! O Sonne!
O Glück! O Lust!

O Lieb'! O Liebe!
So golden-schön,
Wie Morgenwolken
Auf jenen Höhn!

Du segnest herrlich
Das frische Feld,
Im Blütendampfe
Die volle Welt.

O Mädchen, Mädchen,
Wie lieb' ich dich!
Wie blickt dein Auge!
Wie liebst du mich!

So liebt die Lerche
Gesang und Luft,
Und Morgenblumen
Den Himmelsduft,

Wie ich dich Liebe
Mit warmem Blut,
Die du mir Jugend,
Und Freud' und Mut

Zu neuen Liedern
Und Tänzen gibst.
Sei ewig glücklich,
Wie du mich liebst!

Johann Wolfgang
von Goethe

Christine hatte große Freude daran, ein Gedicht auswendig zu lernen, besonders wenn sie eines wiederentdeckte, das sie inspiriert hatte. Mir fiel das immer schwer. Sie hingegen las das Gedicht nur ein paar Mal, meist laut vor sich hin, und schon konnte sie es auf beeindruckende Weise rezitieren. Als ich das »Mailied« im Goethe-Museum las, hörte ich in meinem Inneren Christines Stimme, wie sie mich aufforderte, ewig glücklich zu sein und sie zu lieben. In einer tiefen Spiritualität spüre ich ihre Anwesenheit, als würde sie mir genau das bestätigen. Ich finde das Gedicht so wunderbar, dass ich mir vorgenommen habe, es auswendig zu lernen.

Das zweite Osterfest
ohne Christine

N un feiern wir schon das zweite Osterfest ohne sie. Ich bemühe mich, die Familie so zusammenzuhalten, wie sie es stets getan hat. Im Kreis ihrer Liebsten war sie besonders glücklich. Sie freute sich auf die gemeinsamen Geburtstags-, Oster- und Weihnachtsfeiern und natürlich auf unsere Familienreisen. Wie oft saßen wir in den Herbstferien – acht Personen auf einmal – im Flugzeug, um in den Urlaub zu fliegen, dessen Ziel wir immer am Heiligabend festgelegt hatten. Das bleibt unvergesslich. Meine Enkelkinder haben mich schon gefragt, ob wir das nicht noch einmal machen könnten.

Am Ostersonntag, bei strahlendem Sonnenschein, trafen wir uns in Pfungstadt. Julius konnte leider nicht dabei sein, er blieb in Tübingen, und Vincent lag mit einer Erkältung im Bett. Übrigens möchte ich von der besonderen Freude berichten, die Christine verspürte, wenn sie Annette, eine alleinerziehende Mutter, dabei unterstützte, sich um ihren Enkel Vincent zu kümmern. Sie sorgte sich stets um ihn und wollte sicherstellen, dass er trotz der Abwesenheit seines Vaters nicht zu kurz kam. Oma Christine und er gingen oft zusammen in die Stadt, um neue Schuhe oder Hosen zu kaufen und gönnten sich danach, je nach Jahreszeit, ein Eis im Venezia oder eine Currywurst. Das bereitete beiden einen großen Spaß. Ich bin unendlich dankbar für alles, was Christine für uns getan hat, für das, was sie uns beigebracht hat und wovon wir in unserem Leben profitieren durften. Manchmal sagte sie: »Ich bin überzeugt, dass man nur ein einziges Mal lebt, und genau deswegen möchte ich alles tun, um dieses eine Leben voll auszukosten.«

Es fällt mir immer wieder sehr schwer, meine geliebte Christine loszulassen. Der Schmerz, den ich dabei empfinde, ist tief und belastet Körper und Seele gleichermaßen. Wie halte ich diesen Schmerz aus? Ist es wirklich so, wie der Psychiater Volker Busch in seinem Buch *Kopf hoch* schreibt, dass die Empfehlung von Voltaire »Die Zeit heilt alle Wunden« Hoffnung für die Zukunft geben kann? Aber wie überbrücke ich diese Wartezeit, die ich doch zunächst einmal aushalten muss? Seelische Schmerzen manifestieren sich bei mir im körperlichen Bereich schon seit meiner frühen Jugend vor allem im Bauch.

Manchmal raubt mir der Schmerz den Atem. Die Trauer über den Verlust meines innig geliebten Menschen – ich glaube, das ist der größte Schmerz, den ich fühlen kann. »Seelischer Schmerz wird häufig durch stark empfundene Belastungen oder Verlusterlebnisse ausgelöst, wie etwa durch sogenannte ›kritische Lebensereignisse‹«, sagt Donya A. Gilan vom Deutschen Resilienz-Zentrum in Mainz. Dazu zählen schwere Erkrankungen, Unfälle, Umzüge oder eben der Tod eines nahestehenden Menschen.

Während ich hoffe, dass es bald leichter wird, weiß ich gleichzeitig, dass dies nicht der letzte tiefe Schmerz in meinem Leben sein wird. Und zum wiederholten Mal frage ich mich, obwohl ich weiß, dass es unrealistisch ist: Wäre es nicht schön, wenn wir Menschen einfach weniger Leid empfinden würden? Emotionale Schmerzen sind jedoch wichtig. Die Wissenschaftler Lawrence Calhoun und Richard Tedeschi haben untersucht, inwieweit Katastrophen und Krisen das persönliche Wachstum fördern – ein Phänomen, das als posttraumatisches Wachstum bekannt ist. Dieser Begriff beschreibt »positive Veränderungen als Ergebnis des Kampfes mit einer großen Lebenskrise oder einem traumatischen Ereignis«. Dieses Motiv ist schon seit der Antike bekannt, etwa in der Literatur. Die Forscher haben es jedoch wissenschaftlich untersucht. Sie betonen dabei: »Wir sagen keinesfalls, dass traumatische Ereignisse gut sind – das sind sie nicht. Aber für viele von uns sind Lebenskrisen unausweichlich.«

Der Prozess des Wachstums verläuft oft in drei Phasen: Während oder unmittelbar nach der Krise fühlt sich alles düster und chaotisch an, Werte werden infrage gestellt, und das Leben wirkt sinnlos. Dann folgt der Versuch, im Erlebten einen Sinn zu finden. Schließlich formen sich neue Werte, und viele Menschen entdecken einen neuen Lebenssinn. Sie sind nicht nur dankbar für das Leben, sondern manchmal sogar für die Krise selbst. Insgesamt, so Tedeschi und Calhoun, führen Kummer und Leid bei den meisten Menschen zu einem gesteigerten emotionalen Bewusstsein.

Ich bin mir sicher, dass Christine ihre Freude an der Empfehlung der fünf Wege gehabt hätte, wie wir durch seelischen Schmerz wachsen können. Über solche Themen haben wir gut und lange diskutieren können:

1. Innere Stärke gewinnen
   In Krisensituationen, in Zeiten des Leids und der Not, werden unsere Werte auf die Probe gestellt und geformt. Wer tiefen, emotionalen Schmerz und

schwere Lebenskatastrophen durchlebt hat, findet oft einen festen Stand im Leben und entwickelt eine innere Widerstandskraft, die ihn stärker macht.

2. Lernen aus dem Schmerz
»Schmerzen sind ein Feedback-System, sie dienen der Orientierung. Wo ich mich verbrannt habe, greife ich kein zweites Mal hin, zumindest nicht absichtlich«, sagt Professor Znoj. Genauso lernen wir, seelischen Schmerz zu vermeiden, indem wir Menschen oder Situationen, die uns schaden, aus dem Weg gehen. Laut Resilienzforscherin Donya A. Gilan hilft das erfolgreiche Meistern von Trauer dabei, zukünftigen Schmerz besser zu bewältigen: »So wie die Bewältigung einer Belastungssituation hilft, zukünftige Herausforderungen zu meistern.«

3. Mitgefühl entwickeln
Nur wer selbst Schmerz erfahren hat, kann echtes Mitgefühl für andere in ähnlichen Situationen aufbringen. »Menschen, die keinen seelischen Schmerz empfinden, sind oft kaum zu Empathie fähig und müssen den Perspektivwechsel, die Welt aus den Augen eines anderen zu sehen, mühsam erlernen«, erklärt Professor Znoj. In extremen Fällen spricht man hier sogar von Psychopathie.

4. Dankbarkeit lernen
Gerade die kleinen, vermeintlich selbstverständlichen Dinge werden für Menschen, die Krisen überstanden haben, zu wahren Quellen der Freude. Belastende Situationen schärfen unseren Blick für die positiven Seiten des Lebens und lehren uns, neue

Bewältigungsstrategien zu entwickeln, so Gilan. Schmerz zwingt uns außerdem, im Hier und Jetzt zu sein, was unsere Achtsamkeit und Konzentration auf den Moment stärkt – ein einfacher, aber wirkungsvoller Weg zu mehr Glück.

5. Nähe zulassen
Menschen, die ähnliches Leid erfahren haben, können eine tiefere Verbindung zueinander aufbauen – vorausgesetzt, sie haben den Mut, ihren Schmerz zu teilen. Gelingt das, erleben sie eine größere Nähe und Intimität. Wer sich so öffnet, erfährt intensivere Bindungen. Untersuchungen zeigen außerdem, dass nach überstandenem Schmerz der gefühlte Glückslevel kurzzeitig über das vorherige Niveau hinaus ansteigt. Schmerz ermöglicht es uns, Grenzen zu erkennen und echte Freude zu empfinden – denn ohne das Wissen um Leid könnten wir Glück kaum als solches wahrnehmen.

Nachwort

Im Kapitel über Palliativmedizin schrieb ich, dass Geburt und Tod physiologische Ereignisse sind – natürliche Prozesse, für die die Natur besondere Programme vorgesehen hat. Von Palliativmedizinern lernte ich, dass diese Prozesse am besten verlaufen, wenn sie von Ärzten möglichst wenig gestört und von den Menschen angenommen werden. Doch eines bleibt unumstößlich: Jeder Mensch stirbt auf seine eigene Weise. Während meiner Beschäftigung mit diesem Thema wurde mir bewusst, dass die Art und Weise, wie ein Mensch gelebt hat, seinen Sterbeprozess entscheidend prägt. Sein Leben, sein Charakter und seine Einstellung bestimmen, wie er diese letzte Phase durchlebt. Ich versuchte, dieses Thema empirisch zu untersuchen, indem ich wissenschaftliche Studien heranzog und Hinterbliebene befragte, wie ihre Angehörigen gestorben sind.

Mit diesen Gedanken möchte ich mein Buch abschließen, doch bleibt eine quälende Frage: Wie wird mein eigener Tod sein? Natürlich hoffe auch ich, zu den fünf Prozent aller Menschen zu gehören, die abends zu Bett gehen und morgens nicht mehr aufwachen.

Kürzlich sprach ich mit einem befreundeten Arzt darüber. Er sagte, seiner Erfahrung nach könne kein Mensch gesund sterben – es gebe immer einen physiologischen

Grund, der den Übergang vom Leben zum Tod einleite. Zugleich beobachtete er, dass es umso wahrscheinlicher sei, mitten im Alltag zu sterben, je älter man wird. Dabei musste ich an unseren alten Freund Arno denken, der Christine und mich mit 99 Jahren zu seinem 100. Geburtstag einlud. Er erlebte diesen Tag nicht mehr; er verstarb wenige Monate zuvor während eines Mittagessens mit Freunden. In unserem Alter erleben wir immer häufiger den Verlust von Freunden und Bekannten. Viele von ihnen wurden zu Hause oder in Pflegeheimen oft wochen-, monate- oder gar jahrelang betreut. Der Tod wurde von den Hinterbliebenen und ihrem Umfeld als Erlösung empfunden.

Mein Arzt sagte mir, dass der Tod bei Menschen mit einem Glioblastom meistens sehr schnell eintritt – so war es auch bei Christine. Von der Diagnose »maligne und inoperabel« bis zu ihrem Tod vergingen weniger als drei Monate. Christine entschied sich gegen lebensverlängernde Maßnahmen und musste deshalb nicht lange leiden; sie durfte schnell sterben. Einem Bekannten mit derselben Diagnose blieb ein doppelt so langer Leidensweg nicht erspart, weil er sich für Chemotherapie und Strahlentherapie entschied. Diese Erfahrung bestätigt meine Erkenntnis: Jeder stirbt seinen eigenen Tod.

Im ersten Teil dieses Buches erzählt Christine ihre Autobiografie, die sie vor vielen Jahren verfasst hat. Der mittlere Teil beschreibt unser gemeinsames Leben und schildert ausführlich Christines Krankengeschichte. Im letzten Teil habe ich mich mit der psychologischen, philosophischen und theologischen Auseinandersetzung mit dem Thema ›Vom Werden und Vergehen‹ beschäftigt, wie es in der

Philosophie beschrieben wird. Für mich ist das Schreiben ein Teil der psychotherapeutischen Verarbeitung und ein Trost.

Christine war in unserer Beziehung die »Possibilistin« – ein Begriff, der aus dem Amerikanischen stammt und eine »Denkerin der Möglichkeiten« beschreibt. Das Prinzip des praktischen Possibilismus lässt sich so zusammenfassen: Wir selbst sind das Fundament, auf dem der Fortschritt in der Welt basiert. Jeder von uns kann zur Verbesserung der Welt beitragen und ist frei in seinen Entscheidungen. Dieses positive Denken war ein wesentlicher Teil ihrer Lebensphilosophie: Tun, was möglich ist, und das Unvermeidliche ertragen, auch wenn es schwerfällt. Mit dieser Haltung half sie mir, mutig nach vorn zu blicken. Gleichzeitig konnte sie versöhnlich in die Vergangenheit schauen und erinnerte mich immer wieder daran, was wir beide in den vielen Jahrzehnten unseres Zusammenseins geschaffen und aufgebaut haben – etwas, worauf wir dankbar und zufrieden zurückblicken können. Ich habe viel von ihr gelernt und bin zutiefst dankbar, sie an meiner Seite gehabt zu haben. Kein Tag vergeht, an dem ich nicht spüre, wie sie mir hilft, mein Leben mit ihr weiterzuleben. Danke, Christine! Du bist mir unsterblich geworden.

Ich wünsche mir, dass ich auf unserem Grabmal auf dem Alten Friedhof an der Nieder-Ramstädter-Straße neben Christine beerdigt werde und im Tod wieder mit ihr vereint bin.

Dieter Heymann

Literaturverzeichnis

Borasio, Gian Domenico
Über das Sterben: Was wir wissen. Was wir tun können. Wie wir uns darauf einstellen, 2013, ISBN 978-3-423–34807-2

Busch, Volker
Kopf hoch: Die Kunst, trotz allem zuversichtlich zu bleiben, 2024, ISBN 978-3-426–27916-8

Canacakis, Jorgos
Ich begleite dich durch deine Trauer: Ein Trauerbegleiter für Abschied, Tod und Verlust, 1990, ISBN 3–7831-1039-4

Epiktet
Handbüchlein der Lebenskunst, ISBN 978-3-86820-503-9

Grün, Anselm
Trauern heißt Lieben, 2015, ISBN 978-3-451–06791-4

Heymann, Dieter
Fröhlich altern, 2014, ISBN 978-3-7357-4422-7
Harriet & Hermine, 2016, ISBN 978-3-7412-1367-0
Weise altern, 2018, ISBN 978-3-7528-5284-4
HEINRICH, 2020, ISBN 978-3-7526–9151-1

Geschichte einer Kaufmannsfamilie, 2022, ISBN 978-3-7562-4822-3

Hüther, Gerald
Wege aus der Angst: Über die Kunst, die Ungewissheit zu lieben, 2020, ISBN 978-3-525–45387-2

Kast, Verena
Trauern, 1999, ISBN 3–7831-2177-9

Kruse, Andreas
Resilienz: Ein Beitrag zur psychologischen und psychosozialen Entwicklung älterer Menschen, 2015, ISBN 978-3-658–08332-8

Kübler-Ross, Elisabeth
Über den Tod und das Leben danach, 1984, ISBN 978-3-89845-365-3
Erfülltes Leben – würdiges Sterben, 1991, ISBN 978-3-579–02200-0
Geborgen im Leben (mit David Kessler), 2001, ISBN 3–7831-2016-0
Wie sie wurde, wer sie ist (mit Derek Gill), 1980, ISBN 3–7831-0631-1

Martynova, Olga
Gespräch über die Trauer, 2023, ISBN 978-3-10–397519-2

Schumacher, Bernard N.
Der Tod in der Philosophie, 2004, ISBN 3–534-15403-7

van Praagh, James

Und der Himmel tat sich auf: Über die Fähigkeit, mit dem Jenseits zu kommunizieren, 2000, ISBN 978-3-442–21569-0

Wohmann, Gabriele

Sterben ist Mist, der Tod aber schön, ISBN 978-3-451–61023-3

Bildanhang

1986 Christine (39) mit ihrer Mutter (74)

Christine und Dieter, Silberhochzeit am 26. November 1991

Ferienhaus Vielbrunn

Algarve Portugal

Dieters 70. Geburtstag am 11. Juli 2015

Christines 70. Geburtstag am 26. April 2017

Heiligendamm 30. Juni 2018

Schloss Waldleiningen, 30. Mai 2019

Vila Vita Parc Juni 2019

Miltenberg August 2019

Algarve 2019

Vielbrunn 2020

Zu Hause im Juli 2020

Hochzeitstag 26. November 2021, Titiseehotel

4.–5. Juni 2022 Burgfestspiele Bad Vilbel,
mit Annette und Steffi

Christine räumt in der Küche auf, 24. November 2022

56. Hochzeitstag am 26. November 2022 zu Hause